上手に刺せる、コツがわかる

刺繡教室

embroidery lesson　西須久子

introduction

はじめに

お友だちに誘われ、刺繍の作品展を訪れたことが私と刺繍との出合いでした。

何にもわからないまま教室に入り、基礎から学びました。

それから数十年後に教室を持ち、今も生徒さんと一緒に楽しく刺繍をしています。

基本はとても大切ですが、ステッチの刺し方はひとつではなく、

時には違った方法でステッチしてみるときれいに刺せることもあります。

この本ではステッチの基本的な刺し方に加えて、

私の刺繍生活で見つけたコツを紹介しています。

基本をベースに、自分に合った針の出し方、糸のかけ方で

作品を刺していただけたらうれしく思います。

西須久子

contents

この本に関するご質問は、お電話またはWebで
書名／刺繍教室
本のコード／NV70463　担当／西津美緒
Tel:03-3383-0634（平日13:00〜17:00受付）
Webサイト「日本ヴォーグ社の本」http://book.nihonvogue.co.jp/
＊サイト内「お問い合わせ」からお入りください。（終日受付）
＊Webでのお問い合わせはパソコン専用となります。

pincushion
ピンクッション

刺し方 / p.47
図案・作り方 / p.78

可憐な野の花のピンクッション。ばらの花はブランケット st.、スミレはチェーン st.、

ミモザはフレンチノット st.、ワスレナグサはサテン st.でそれぞれ花びらを刺しています。

面を埋めるときはステッチの方向が肝心。ちょっとしたことで、仕上がりがとてもきれいになります。

sewing case
ソーイングケース

刺し方 / p.35
図案・作り方 / p.80

切りっぱなしで使えるフェルトは、手縫いで作る小物に便利。

大人っぽく仕上げたかったので、布の色に合わせて糸の色を選びました。

素敵なソーイングケースがあれば、刺繍をするのがますます楽しくなります。

bookmark
ブックマーク

刺し方 / p.25
図案・色指定・作り方 / p.85

きれいに刺せた直線は、ゆがまないように丁寧に

接着芯を貼ってしおりに仕立てましょう。

縁かがりはちょっと根気が必要なボタンホールステッチ。

土台がしっかりしているので、意外と手早く進めます。

box
ボックス

刺し方 / p.45
図案・色指定・作り方 / p.88

お裁縫が苦手な方も、カルトナージュなら工作感覚で素敵なアイテムができ上がります。

刺繍した布が伸びないように注意して貼るのがポイント。

刺繍布の下にキルト綿を入れると、ふっくら優しい印象に仕上がります。

sachet
サシェ

刺し方 / p.33
図案・色指定・作り方 / p.93

袋状に縫った布の脇にボタンホールステッチでループを作り、

リボンを通したかんたん仕上げの巾着。

中にいい香りのハーブを入れたり、アクセサリーケースとして使っても。

ボーダー模様は中央の植物を刺してから直線部分を刺すと、まっすぐきれいに刺し上がります。

materials

刺繍の材料

布

本書の作品には、目の詰まったリネンやコットンを使用しています。巾着やハンカチなど、洗濯するものに仕立てる場合は一度水通ししてから刺繍をするようにしましょう。

目の粗いリネンや、刺繍枠に張った時に伸びやすい薄手の生地を使う場合は、裏に不織布タイプの接着芯を貼ってから刺繍をすると生地がしっかりして刺しやすくなります。

靴下やTシャツなどのニット地に刺繍をしたい時は、ピーシングペーパーに図案を写してアイロンで仮どめし、ピーシングペーパーごと刺繍をして後で破って取り除く方法もあります。

刺し終えたら、アイロンをかける前に図案線を消します。常温の水に、ほんの少しだけおしゃれ着洗いの洗剤を入れて押し洗いをしましょう。もんだり、こすったりしないように丁寧に洗います。

糸

刺繍糸の中でよく使われるのが25番刺繍糸。「25番」は糸の太さを表します。本書ではDMC25番刺繍糸を使用しました。メーカーごとに色番号が異なるため、手持ちの糸で刺す場合はp.61〜p.64の見本帳と比べてみて色味が合っているか確認しましょう。

25番刺繍糸は、束から引き出して50〜60cmにカットして使います。束から引き出した状態では、6本の細い糸が撚り合った状態になっています。1本ずつに分けたら、刺し方図の中にある「〇本どり」の指示に従って必要本数を引き揃えて針に通します。

メーカー名・色番号がわかるようにラベルは糸と一緒に保管しておきましょう。

tools

刺繍の道具

〈 図案を写す時に使う道具 〉

a. まち針

図案を写す時にトレーシングペーパーを布にとめたり、仕立ての時の仮どめに使用します。

b. 手芸用複写紙
(+トレーシングペーパー、セロファン)

トレーシングペーパーに写した図案を布に転写する時に使います。手芸店で「チャコピー」や「チャコペーパー」などの商品名で売られています。刺繍には片面用を使用します。

＊本書で使用している「消えるペン」は手芸用の、水や時間の経過で消えるペンです。青色が見やすく、きれいに消えるのでおすすめです。

＊複写紙・ペン共に熱を加えると消えなくなるものがあります。刺しゅうを刺し終えたら、アイロンをかける前に必ず図案線を消しましょう。

c. トレーサー

手芸用複写紙の上から図案をなぞります。インクのなくなったボールペンなどでも代用できます。

〈 準備や仕立てに使う道具 〉

d. 裁ちばさみ

布を裁つ時に使うはさみ。切れ味が良いものを選ぶと作業がスムーズです。

図案の写し方

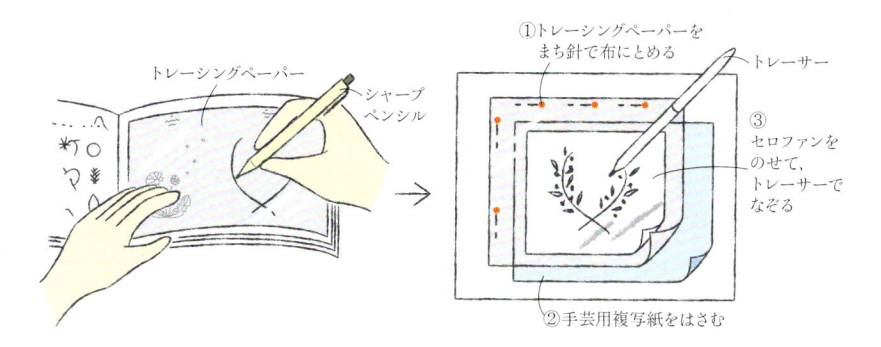

トレーシングペーパー　シャープペンシル

①トレーシングペーパーをまち針で布にとめる

トレーサー

③セロファンをのせて、トレーサーでなぞる

②手芸用複写紙をはさむ

〈 刺繍に使う道具 〉

e. 刺繍針

本書ではクロバー社のフランス刺繍針を使用しました。針の太さは使用する糸の本数によって使い分けます。太さ違いの針がセットになったアソートタイプを1セット用意しておくと便利。同じ号数でもメーカーによって太さが異なることがあるので注意しましょう。

f. 刺繍枠

刺繍をする時に布をピンと張っておけるので便利です。刺繍枠に張った時、布に写した図案が伸びたりゆがんだりしていると、枠から外した時に刺し縮みの原因になります。引っ張りすぎないように注意しましょう。どうしても刺し縮んでしまった時は、枠から外す前に裏から霧吹きをかけて自然乾燥させます。

g. 糸切りばさみ

先のとがった、刃の薄いタイプがおすすめです。細かい作業をスムーズにするために、専用のはさみを用意しましょう。

lesson 1
outline stitch

タンポポ

アウトラインst.で面を埋める

布に写す図案 / p.67

使用する糸
DMC25番刺繍糸 / 611, 612, 725, 727, 831, 973, BLANC
布 / サンドベージュ麻地
針 / クロバーフランス刺繍針No.8

1. 直線は往復して刺す

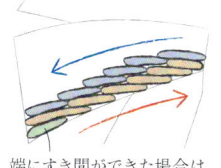

アウトラインst.は左→右へ進みます。端まで刺したら布の上下を持ち替え、往復して刺します。

端にすき間ができた場合は
1針入れて調整する

2. アウトライン st. は前の1目を押さえて進む

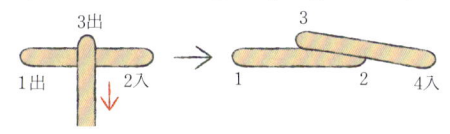

3出 3 2入
1出

3で出た糸を下方向に軽く引くと、1〜2の糸がほどよく引き締まります。

3. カーブの針目を調整する

2のように前のステッチを押さえながら進むので、アウトラインst.は下向きカーブの方向で刺します。カーブではすき間があきやすいので、ステッチを細かめに。ヘリングボーンst.では外側の方が間隔が広くなります。

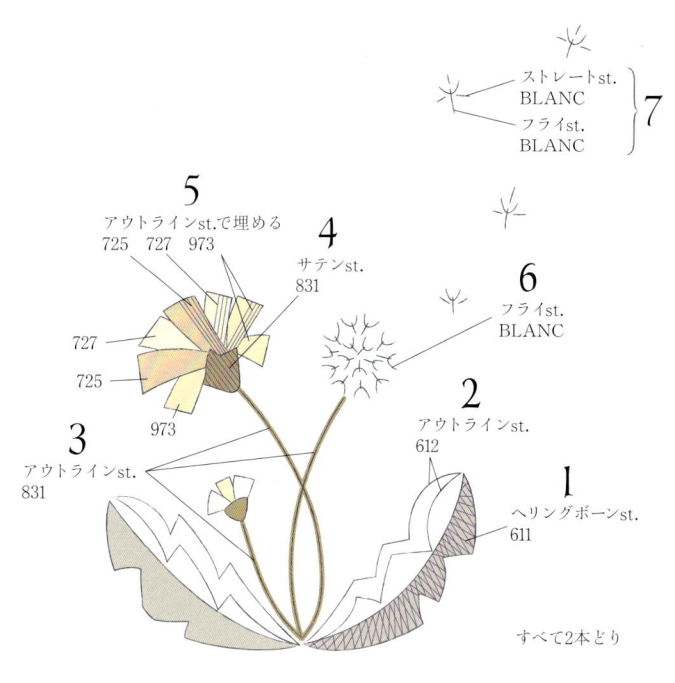

ストレートst.
BLANC
フライst.
BLANC
} 7

5
アウトラインst.で埋める
725 727 973

4
サテンst.
831

6
フライst.
BLANC

727

725

973

3
アウトラインst.
831

2
アウトラインst.
612

1
ヘリングボーンst.
611

すべて2本どり

021

lesson 2

satin stitch

青い小花

サテンst.で小さな面を埋める　布に写す図案 / p.68

使用する糸
DMC25番刺繍糸 / 747, 931, 932, 3033, 3752, 3781, 3782, 3790
布 / 水色ストライプ麻地
針 / クロバーフランス刺繍針No.8

1. 花びらは1枚ずつ、中心から左右に刺す

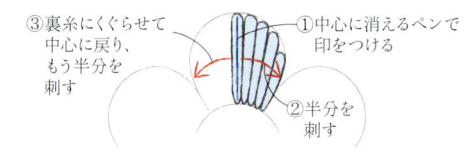

③裏糸にくぐらせて
中心に戻り、
もう半分を
刺す

①中心に消えるペンで
印をつける

②半分を
刺す

2. 花びらの端は斜めに刺す

前の針目にもぐってもOK

端の1針を斜めに入れる
と、隣の花びらとすき間
をあけずに刺せます。

3. ストレート st.+ フライ st.の葉

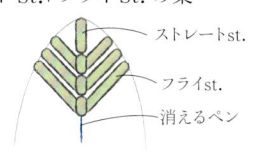

ストレートst.

フライst.

消えるペン

刺繍によく出てくる葉の刺し方です。先をとがらせるためにス
トレートst.を入れ、とめステッチの短いフライst.を詰めて刺し
ます。消えるペンで中心線を描いておくと目安になります。

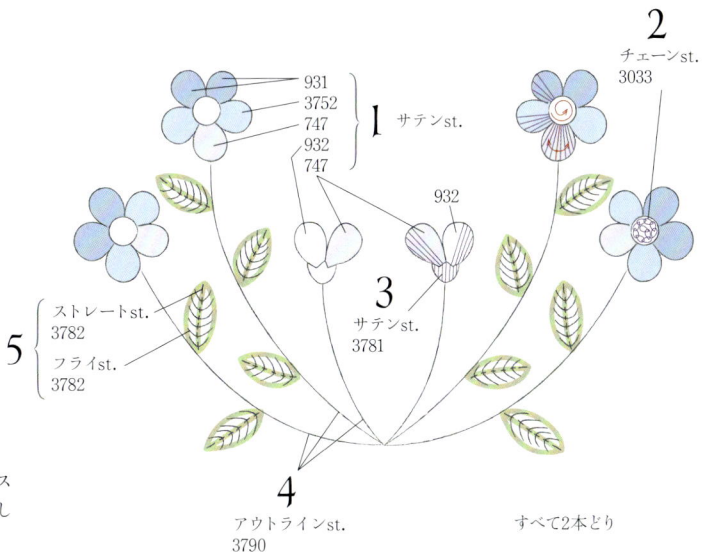

931
3752
747
932
747

1 サテンst.

2 チェーンst.
3033

932

3 サテンst.
3781

5 ストレートst.
3782

フライst.
3782

4 アウトラインst.
3790

すべて2本どり

円型のボタンホールst.　布に写す図案 / p.85

使用する糸
DMC25番刺繍糸 / BLANC
布 / ネイビー麻地
針 / クロバーフランス刺繍針No.8

1. 中心線は消えるペンで描く

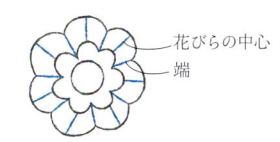

花びらの中心
端

図案を写す時に布が動いてゆがんでしまう
ことがあるので、花びらの中心線は刺す直
前に消えるペンで描きましょう。

2. 花びらを刺す時は思い切りも肝心

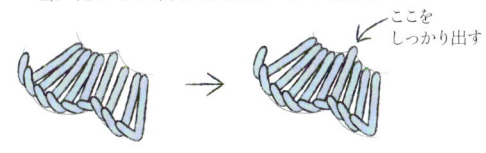

ここを
しっかり出す

あまりに律儀に詰めて刺すと、端だけすき間があいたり
内側が詰まってしまいます。間隔のバランスを見ながら、
思い切って少し大きい針目で刺したり、角をしっかり出
すとメリハリがついてきれいに刺せます。

3. ダブルレイジーデイジー st. の刺し方

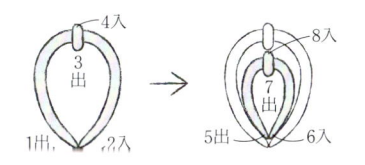

4入
3出
1出　2入

→

8入
7出
5出　6入

8 フレンチノットst.

12 ランニングst.

7 サテンst.

10 ストレートst.

11 フレンチノットst.

14 ホルベインst.

1 ボタンホールst

2 ダブルレイジー
デイジーst.

3 フレンチノットst.

9 アウトラインst.

14 ホルベインst.

13 スレデッドヘリングボーンst.

5 アウトラインst.で
埋める

4 ボタンホールst.

6 レイジーデイジーst.

すべて2本どり
フレンチノットst.はすべて2回巻き

lesson 4
anchor the thread

リンネソウ

Twinflower

1本どりの糸始末　布に写す図案 / p.69

使用する糸
DMC25番刺繍糸 / 152, 223, 224, 225, 535, 3051, 3052, 3053, 3863
布 / ホワイト麻地
針 / クロバーフランス刺繍針No.8

1. 1本どりの糸始末

〈 普段の糸始末 〉

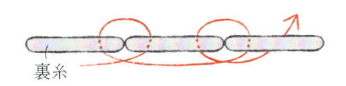

裏糸

刺繍では玉どめをせず、裏糸に刺し終
わりの糸を2回ほど返し針の要領で通
して糸を切ります。

〈 抜けてしまう場合 〉

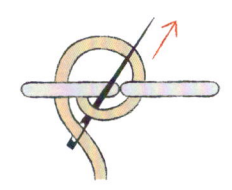

1本どりの場合は、普段の糸始末では
するっと抜けてしまうことがあります。
こんなときは図のように、裏糸にひと
結びしてから、さらに普段の糸始末を
すると安心です。

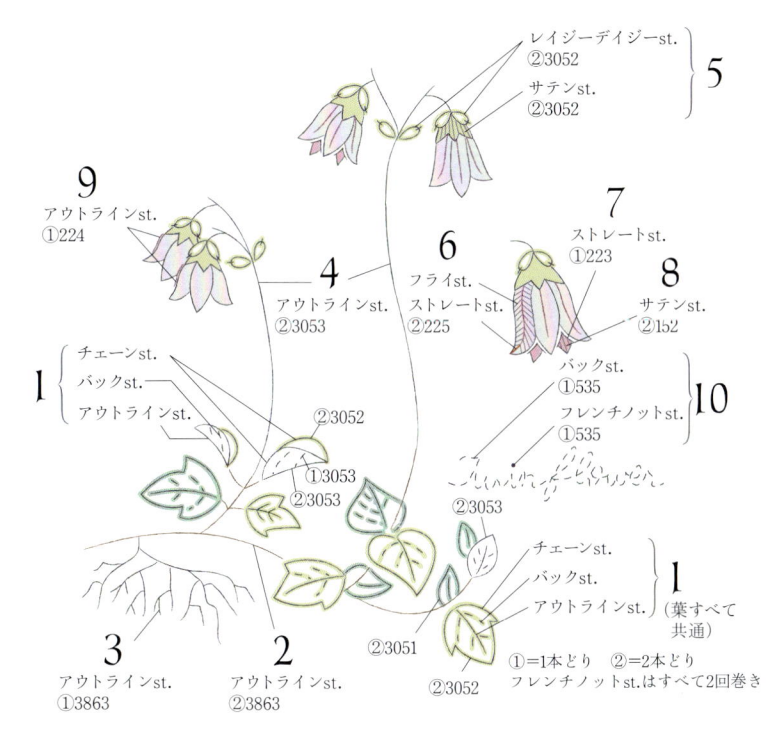

5
レイジーデイジーst.
②3052
サテンst.
②3052

9
アウトラインst.
①224

7
ストレートst.
①223

6
フライst.
ストレートst.
②225

8
サテンst.
②152

4
アウトラインst.
②3053

1
チェーンst.
バックst.
アウトラインst.

10
バックst.
①535
フレンチノットst.
①535

②3052

②3053
②3053

②3053

②3051

②3052

1
チェーンst.
バックst.
アウトラインst.
(葉すべて
共通)

3
アウトラインst.
①3863

2
アウトラインst.
②3863

①=1本どり　②=2本どり
フレンチノットst.はすべて2回巻き

027

lesson 5
french knot stitch

ミモザ

028

フレンチノット st. の正しい刺し方　布に写す図案 / p.67

使用する糸
DMC25番刺繍糸 / 730, 935, 936, 3820, 3821, 3822, 3852
布 / 水色 綿ブロード
針 / クローバーフランス刺繍針No.7

1. 刺繍枠を使う

フレンチノット st. は両手を使って刺すため、
必ず刺繍枠を使いましょう。

2. フレンチノット st. の刺し方

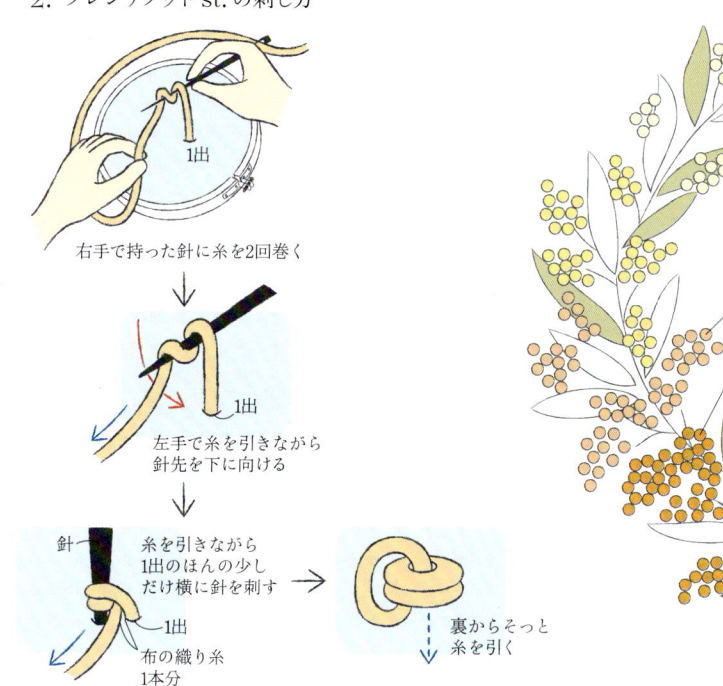

右手で持った針に糸を2回巻く

左手で糸を引きながら
針先を下に向ける

針

糸を引きながら
1出のほんの少し
だけ横に針を刺す

1出

布の織り糸
1本分

裏からそっと
糸を引く

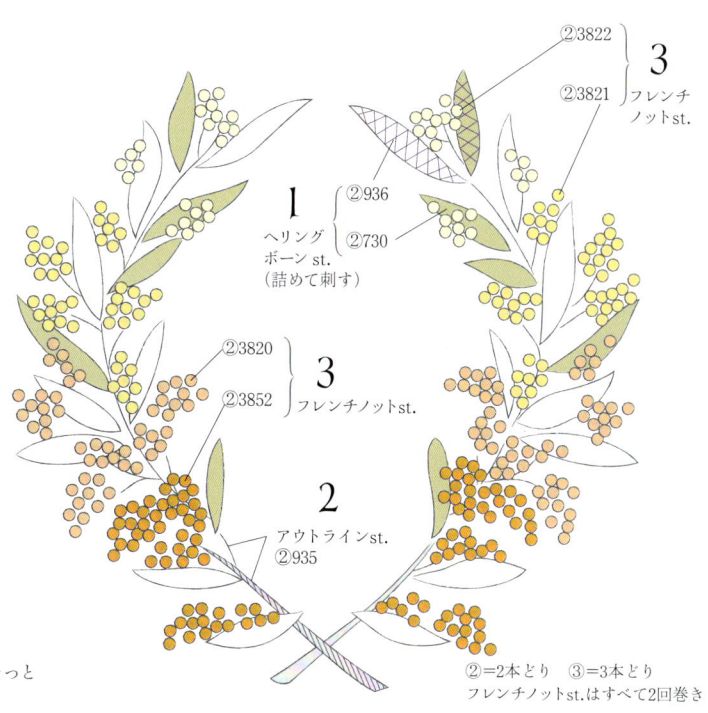

②3822
②3821
} 3 フレンチ
ノット st.

1 ヘリング
ボーン st.
(詰めて刺す)

②936
②730

②3820
②3852
} 3 フレンチノット st.

2 アウトライン st.
②935

②=2本どり　③=3本どり
フレンチノット st. はすべて2回巻き

029

lesson 6
satin stitch

花冠

芯入りサテンst.をマスターする

布に写す図案 / p.70

使用する糸

DMC25番刺繍糸 / 166, 420, 518, 794, 3350, 3712, 3716, 3746, 3782, 3820

布 / ホワイト麻地

針 / クロバーフランス刺繍針No.8

1. 芯入りサテン st. の刺し方

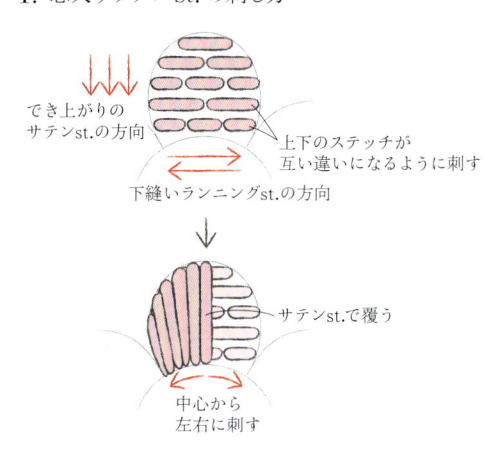

でき上がりの
サテンst.の方向

上下のステッチが
互い違いになるように刺す

下縫いランニングst.の方向

サテンst.で覆う

中心から
左右に刺す

2. 小さな円の刺し方

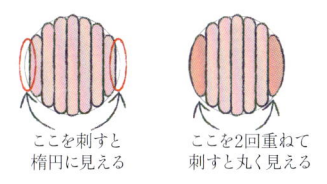

ここを刺すと
楕円に見える

ここを2回重ねて
刺すと丸く見える

3. 輪は描き直す

刺しているうちに布がゆがんでしまうため、花と小さな円を
刺したら、消えるペンで輪を描き直すときれいに刺せます。

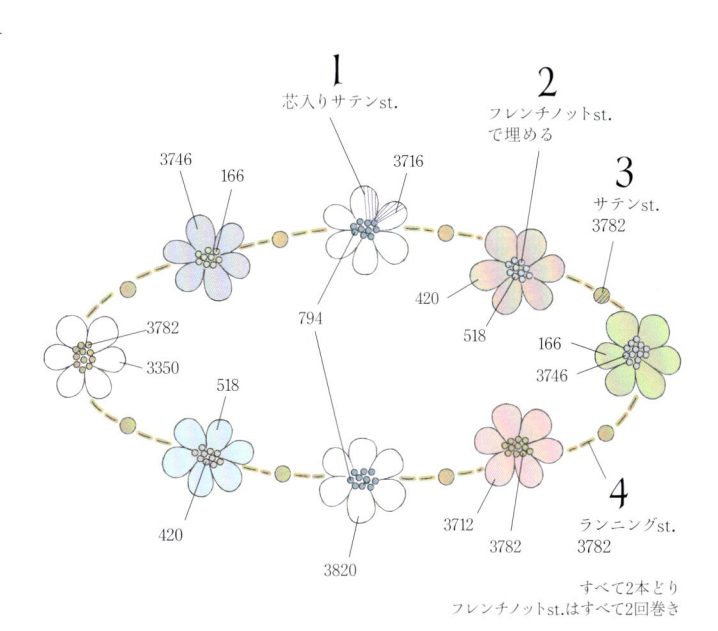

1
芯入りサテンst.

2
フレンチノットst.
で埋める

3
サテンst.
3782

3746   166   3716

420

518   166
           3746

3782
3350   794

518

420

3712   3782

3820

4
ランニングst.
3782

すべて2本どり
フレンチノットst.はすべて2回巻き

lesson 7
straight line

唐草模様

Turpin pinx.! et direx.!

PISTACHE de ter...
ARACHIS hypogæa...
(2/3 grand.nat.)

a.a. Calice pédicelliforme, fendu pour laissé voir le...
c.c. Ovaires s'éloignant des aisselles au moyen d'un stip...
vers la terre. d. Un ovaire deja plongé dans la terre...
fruits. S. Fruits mûrs.

032

直線をきれいに刺す　布に写す図案 / p.93

使用する糸
DMC25番刺繍糸 / BLANC
布 / ブラウン麻地
針 / クロバーフランス刺繍針No.8

1. 植物模様を先に刺す

模様を刺しているうちに布がゆがんでしまうため、模様を
刺し終えたら消えるペンで直線を引き直します。

2. 直線のサテン st.

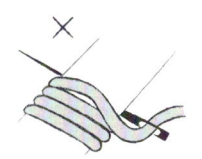 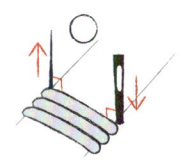

5のサテンst.は、刺繍枠に布をピンと張った状態で、布を
すくわず、針を布に垂直に出し入れして刺します。

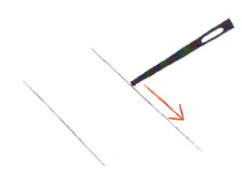

直線を刺す前に先の丸い
針をヘラのように使い、図
案に沿って印をつけておく
と刺しやすくなります。

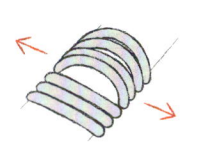 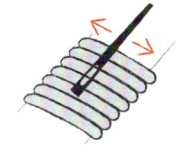

糸がたるんでしまったら、布を少し引っ張ってみるか、
針の頭でステッチをならしましょう。

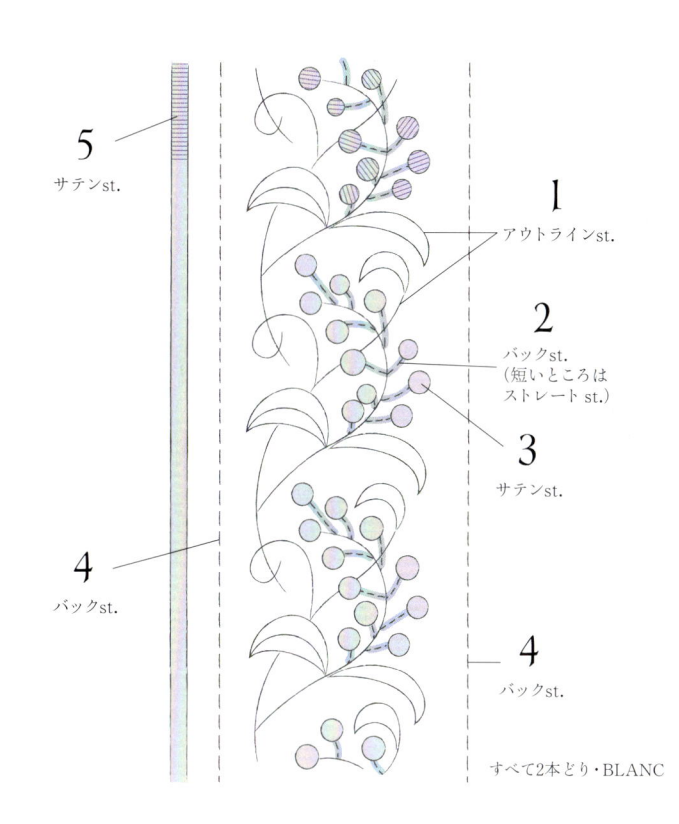

5　サテン st.

1　アウトライン st.

2　バック st.
（短いところは
ストレート st.）

3　サテン st.

4　バック st.

4　バック st.

すべて2本どり・BLANC

lesson 8
satin stitch
シロツメクサ

サテンst.の葉の刺し方　布に写す図案 / p.71

使用する糸
DMC25番刺繍糸 / 819, 899, 3011, 3012, 3326, 3713, ECRU
布 / ピンク麻地
針 / クローバーフランス刺繍針No.7

1. 外側から中心に向かって刺す

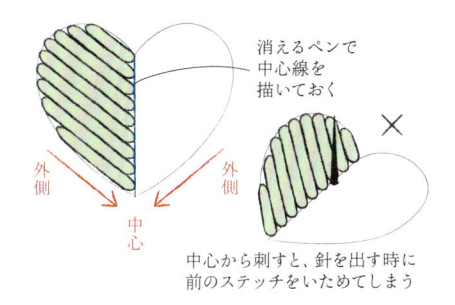

消えるペンで
中心線を
描いておく

外側　外側
中心

中心から刺すと、針を出す時に
前のステッチをいためてしまう

2. 仕上げのステッチは慎重に

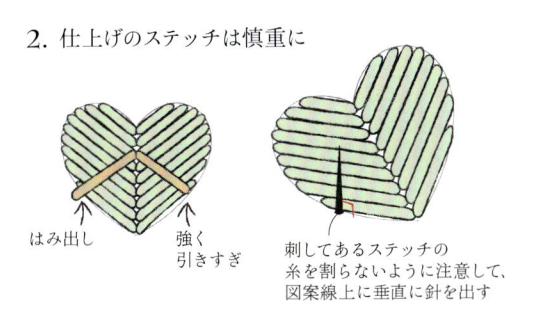

はみ出し
強く
引きすぎ

刺してあるステッチの
糸を割らないように注意して、
図案線上に垂直に針を出す

糸を引く時は裏から指でそっと引きます。糸始末の時に
さらに引いてしまわないように注意しましょう。

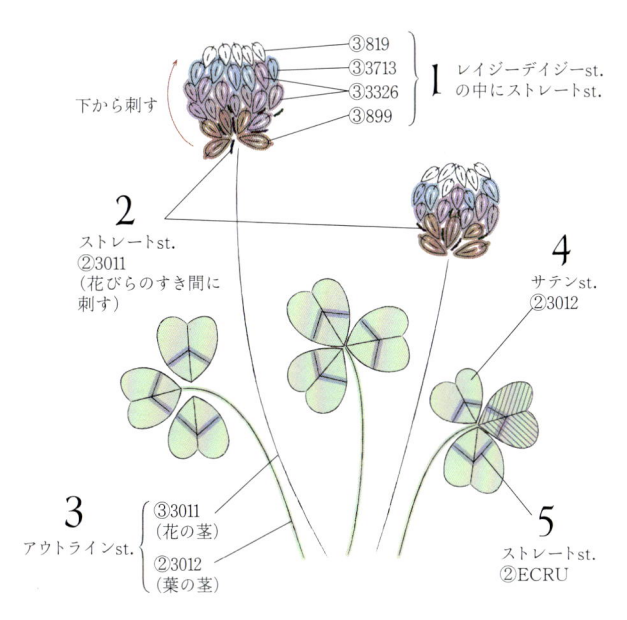

③819
③3713
③3326
③899

レイジーデイジーst.
の中にストレートst.

下から刺す

2
ストレートst.
②3011
(花びらのすき間に
刺す)

4
サテンst.
②3012

3
アウトラインst.

③3011
(花の茎)

③3012
(葉の茎)

5
ストレートst.
②ECRU

②=2本どり　③=3本どり

035

lesson 9
foundation

ハナビソウ

図案の写し方・裏糸の渡し方　布に写す図案 / p.70

使用する糸
DMC25番刺繍糸 / 347, 931
布 / ホワイト麻地
針 / クロバーフランス刺繍針No.8

1. 図案は外郭線のみ写す

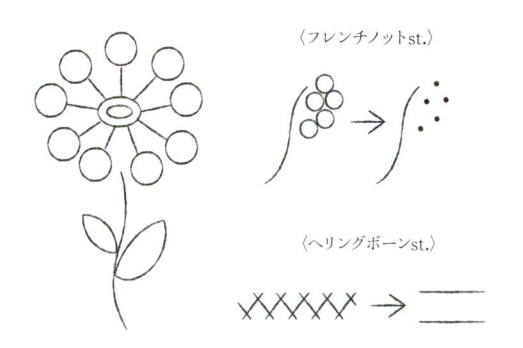

〈フレンチノットst.〉

〈ヘリングボーンst.〉

図案は必要最低限の線のみ写します。細かく写すと布が汚れてしまったり、図案がずれる原因になります。

2. 裏糸の長さは布の色や厚さで判断する

裏に渡る糸は、目安として2cm以内の場合はそのまま続けて刺してOKです。白い薄手の布などで、裏糸が表に透けてしまう場合は2cm以内でもその都度糸始末をした方がきれいです。

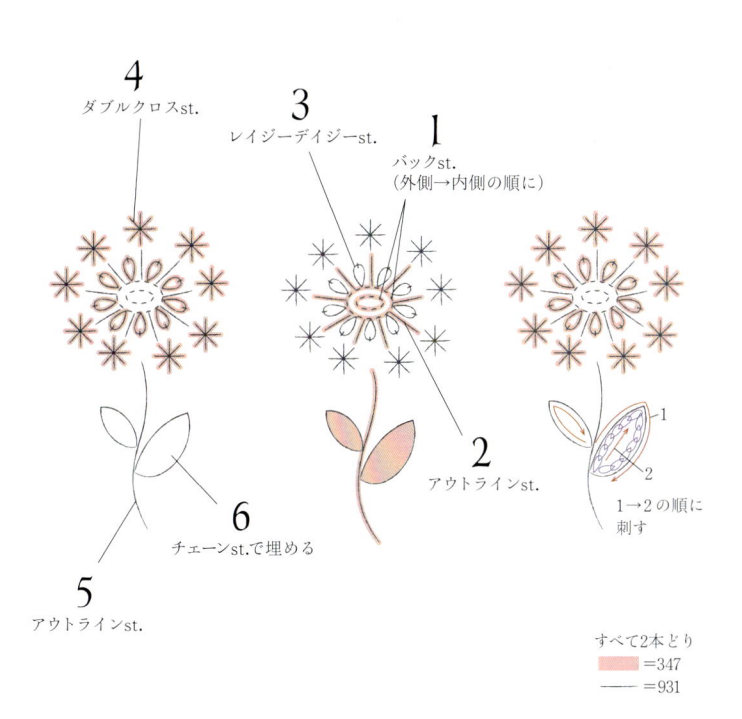

4 ダブルクロスst.

3 レイジーデイジーst.

1 バックst.
（外側→内側の順に）

2 アウトラインst.

6 チェーンst.で埋める

5 アウトラインst.

1→2の順に刺す

すべて2本どり
　=347
　=931

037

lesson 10
long & short stitch

ヒマワリ

ロング＆ショートst.の練習1　布に写す図案 / p.71

使用する糸
DMC25番刺繍糸 / 469, 726, 727, 938, 972, 973, 975, 3347, 3826
布 / グリーン麻地
針 / クロバーフランス刺繍針No.7

1. 花びらの先から根元に向かって刺す

この図案では、一番大きな花びらで5段のロング＆ショートst.を刺しています。1枚の花びらを1色で刺すので、まずは細かいことは気にせず刺してみましょう。

2. 前段のステッチの糸を割って刺す

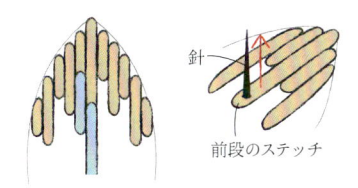

針

前段のステッチ

ステッチは前段のステッチに重ねて刺します。

3. 「長・短交互」はあまり気にせず、段の境がランダムなラインになるように刺す

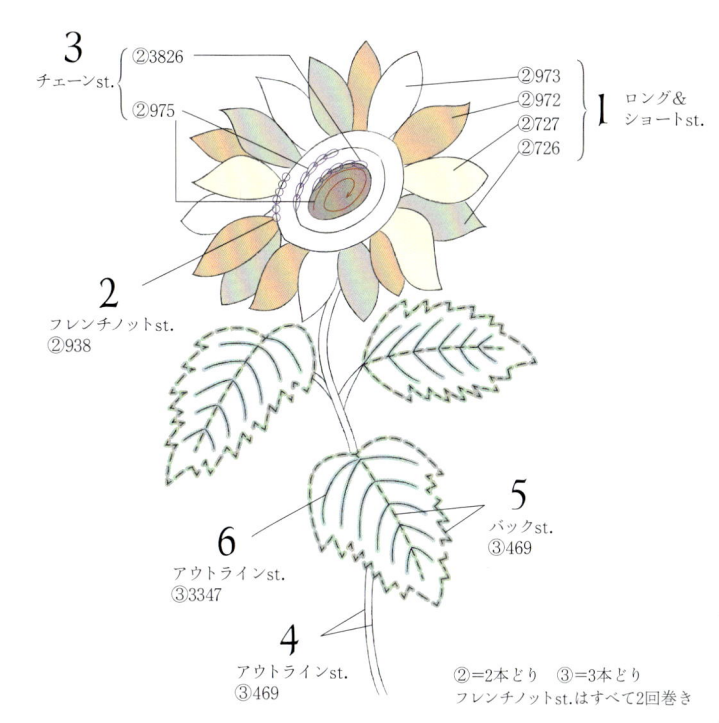

3
チェーンst.
②3826
②975

②973
②972
②727
②726

} 1 ロング＆ショートst.

2
フレンチノットst.
②938

5
バックst.
③469

6
アウトラインst.
③3347

4
アウトラインst.
③469

②=2本どり　③=3本どり
フレンチノットst.はすべて2回巻き

039

lesson 11
satin stitch
マーガレット

細かいサテンst. 布に写す図案 / p.72

使用する糸
DMC25番刺繍糸 / 676, 677, 3011, 3012, 3013, BLANC
布 / ブラウン麻地
針 / クロバーフランス刺繍針　1・2本どり＝No.8、3本どり＝No.7

1. 花びらは消えるペンでガイド線を描いておく

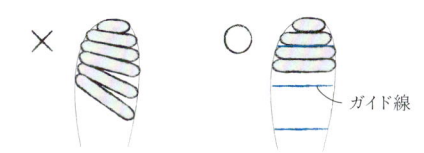

ガイド線

図案を写し終わってから、消えるペンでガイド線を
ひいておくとゆがまずに刺すことができます。

2. 花びらは同方向に刺す

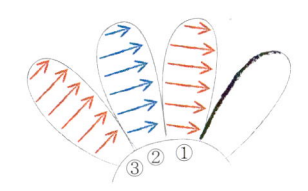

③　②　①

①～③の順に→の方向に刺すと、前に刺したステッ
チを針で突き上げて傷めることなく刺せます。最後
の花びらは左側を刺す時、①のステッチを傷つけな
いよう注意しましょう。

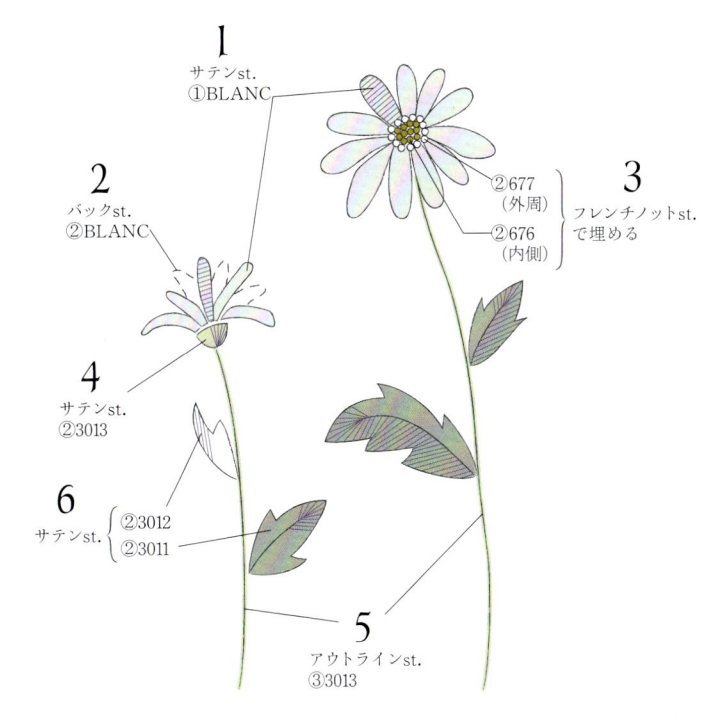

1
サテンst.
①BLANC

2
バックst.
②BLANC

3
フレンチノットst.
で埋める

②677
（外周）

②676
（内側）

4
サテンst.
②3013

6
サテンst. { ②3012
②3011

5
アウトラインst.
③3013

①＝1本どり　②＝2本どり　③＝3本どり
フレンチノットst.はすべて2回巻き

041

lesson 12
couching stitch
———————————
五弁の花

コーチングst.で複雑な曲線を刺す

布に写す図案 / p.72

使用する糸
DMC25番刺繍糸 / 156, 341, 370, 3031, 3747, 3853, 3854, 3855
布 / ホワイト麻地
針 / クロバーフランス刺繍針No.8

1. コーチングst. は約3mm間隔でとめる

約3mm

図案によってかわってきますが、この図案のように曲線が多い場合は約3mm間隔でとめます。

2. とめ糸の引き加減を調整する

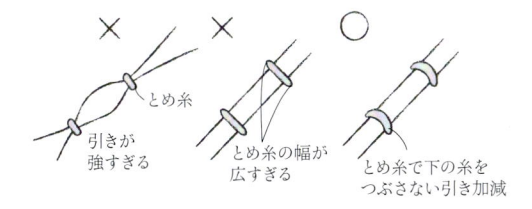

× 引きが強すぎる

とめ糸

× とめ糸の幅が広すぎる

○ とめ糸で下の糸をつぶさない引き加減

3. コーチングst. の角の刺し方

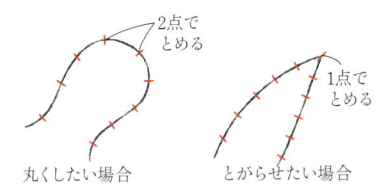

2点でとめる

1点でとめる

丸くしたい場合

とがらせたい場合

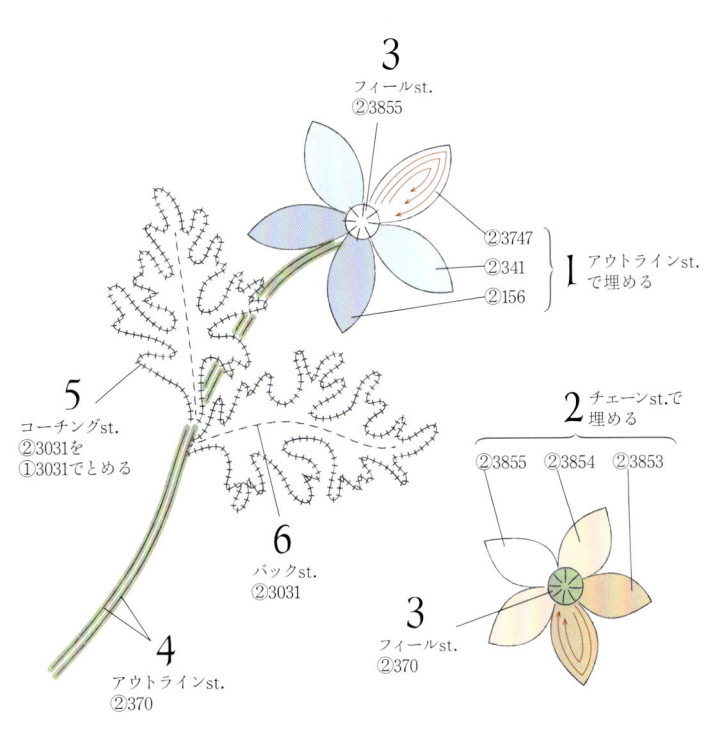

3
フィールst.
②3855

1 アウトラインst.で埋める
②3747
②341
②156

5
コーチングst.
②3031を
①3031でとめる

6
バックst.
②3031

4
アウトラインst.
②370

2 チェーンst.で埋める
②3855　②3854　②3853

3
フィールst.
②370

①=1本どり　②=2本どり

043

lesson 13
long & short stitch

野ばら

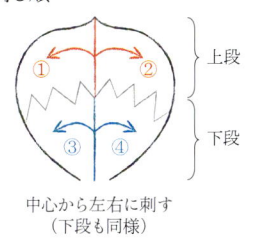
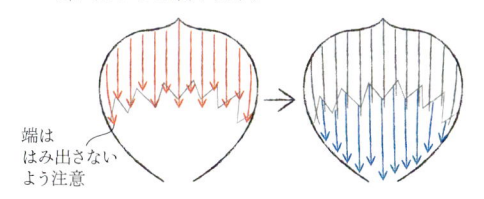
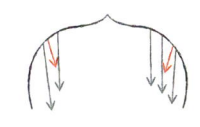
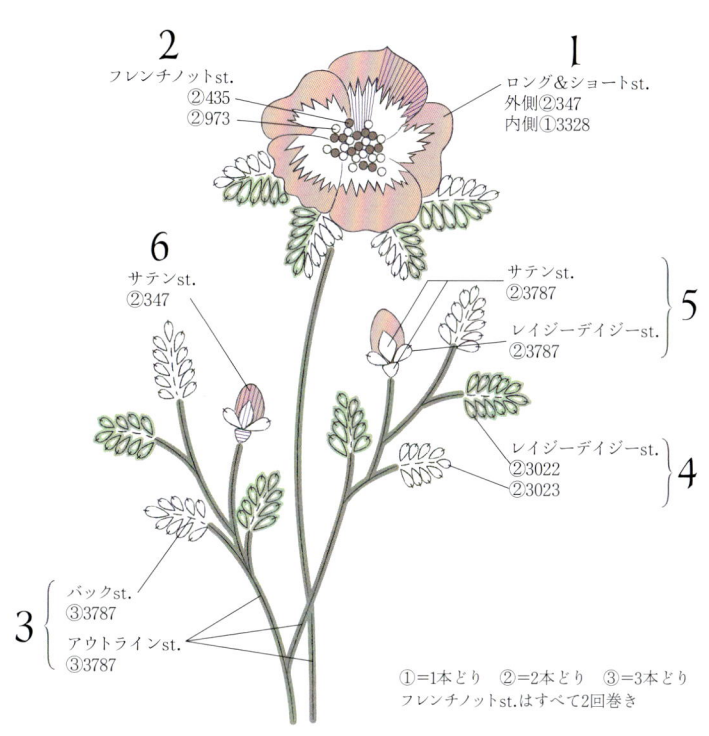

ロング＆ショートステッチの練習2　布に写す図案 / p.73

使用する糸
DMC25番刺繍糸 / 347, 435, 973, 3022, 3023, 3328, 3787
布 / ブラウン麻地
針 / クローバーフランス刺繍針　1・2本どり＝No.8、3本どり＝No.7

1. 花びらの刺し順

上段
下段

中心から左右に刺す
（下段も同様）

2. 花びらを刺す方向

端は
はみ出さない
よう注意

花びらは上段・下段ともに上から下へ向かって刺します。
下段は上段の糸を割って重ねるため、上段は境の図案線
を少しオーバーして刺しましょう。

3. 間に隠し針を入れる

カーブの急な箇所でステッチ
にすき間ができてしまったら、
間に↓のように隠し針を入れる
ときれいに仕上がります。

2
フレンチノットst.
②435
②973

1
ロング＆ショートst.
外側②347
内側①3328

6
サテンst.
②347

5
サテンst.
②3787

レイジーデイジーst.
②3787

4
レイジーデイジーst.
②3022
②3023

3
バックst.
③3787

アウトラインst.
③3787

①＝1本どり　②＝2本どり　③＝3本どり
フレンチノットst.はすべて2回巻き

045

lesson 14
satin stitch

野の花

サテンst.の隠し針　布に写す図案 / p.78

使用する糸
DMC25番刺繍糸 / ばら 356, 640, 644, 3777, 3830　ミモザ 436, 3022, 3023
　　スミレ 3022, 3023, 3042, 3046, 3740　ワスレナグサ 320, 368, 793, 794, 822, 3862
布 / ホワイト麻地
針 / クロバーフランス刺繍針No.7

1. 角度が急なサテン st.

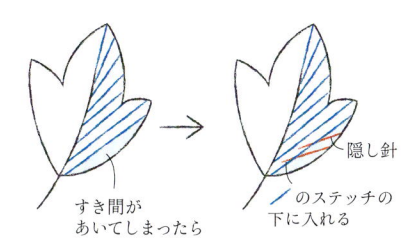

すき間が
あいてしまったら

隠し針

のステッチの
下に入れる

葉の端など、角度が急なサテンst.ですき間があいて
しまったら、すでに刺してあるステッチの下に隠すよ
うにしてすき間を埋めます。この「隠し針」はロング&
ショートst.などでも使えて便利です。

2. ボタンホール st. の花びら

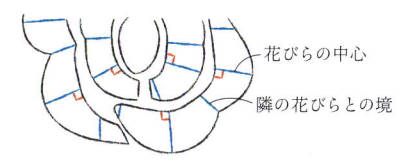

花びらの中心

隣の花びらとの境

ボタンホールst.の花びらは、花びらに消えるペンで
案内線をひいておくと、角度がとりやすくなります。

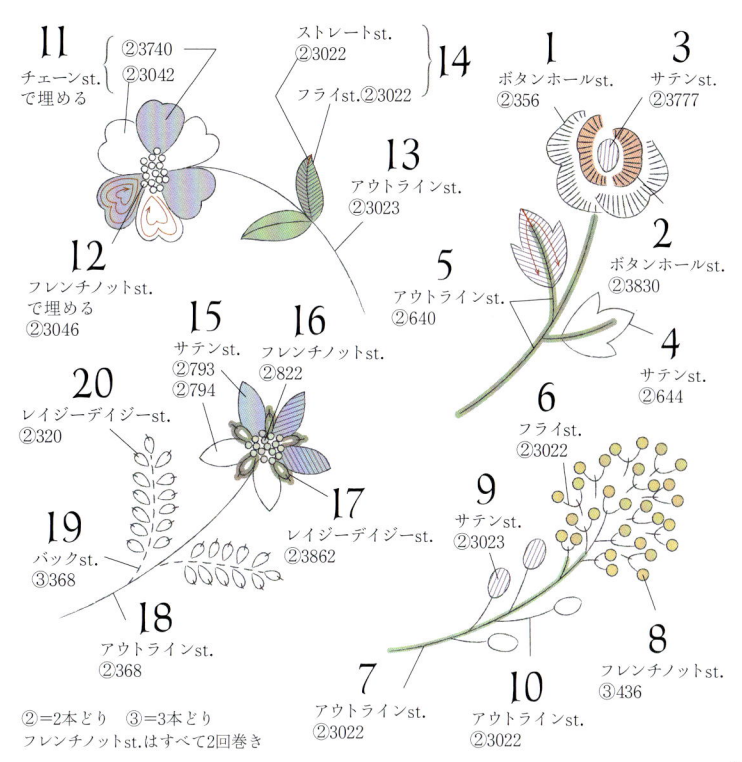

11
チェーンst.
で埋める
②3740
②3042

ストレートst.
②3022
フライst.②3022

14

1
ボタンホールst.
②356

3
サテンst.
②3777

13
アウトラインst.
②3023

2
ボタンホールst.
②3830

12
フレンチノットst.
で埋める
②3046

5
アウトラインst.
②640

4
サテンst.
②644

15
サテンst.
②793
②794

16
フレンチノットst.
②822

6
フライst.
②3022

20
レイジーデイジーst.
②320

17
レイジーデイジーst.
②3862

9
サテンst.
②3023

8
フレンチノットst.
③436

19
バックst.
③368

18
アウトラインst.
②368

7
アウトラインst.
②3022

10
アウトラインst.
②3022

②=2本どり　③=3本どり
フレンチノットst.はすべて2回巻き

lesson 15
bullion stitch

ラベンダー

バリオンst.のコツ　　布に写す図案 / p.73

使用する糸

DMC25番刺繍糸 / 208, 209, 368, 718, 844, 917, 987, 988, 989, 3607, 3608, 3609
布 / ホワイト麻地
針 / クロバーフランス刺繍針No.7, チューリップ バリオンステッチ針

1. バリオン st. の針

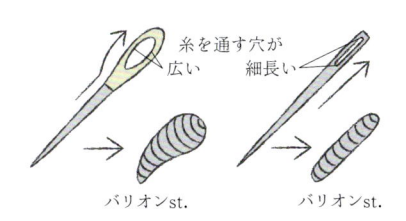

糸を通す穴が
広い

細長い

バリオンst.　　　バリオンst.

バリオンst.を刺す時は、糸を通す穴が細長い専用の針が便利です。手元に無い場合は、必要本数の糸が通る、なるべく細めの針を使うことでステッチが不均一になるのを防ぐことができます。

2. ステッチの幅

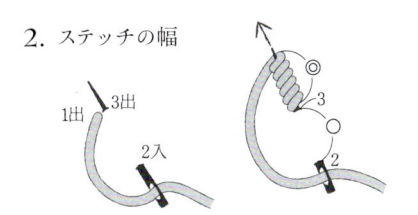

1出　3出

2入

巻きつける糸の幅（◎）は、1〜2の針目（〇）よりほんの少しだけ長めにすると、仕上がりがきれいです。

12 バリオンst.
③208

11 バリオンst.
③209

8 サテンst.
②988

9 サテンst.
②987

10 アウトラインst.
③989

5 レイジー
デイジーst.
③718

3 レイジー
デイジーst.
③3609

2 ストレートst.
③368

13 バックst.
②844

Lavender

7 レイジーデイジーst.
③3607

6 レイジーデイジーst.
③917

4 レイジーデイジーst.
③3608

4

7

4

1 アウトラインst.
③368

②=2本どり　③=3本どり

lesson 16
long & short stitch

クロバナロウゲ

marsh
cinquefoil

ロング&ショートst.の練習3　　布に写す図案 / p.75

使用する糸
DMC25番刺繍糸 / 355, 535, 677, 3031, 3051, 3347, 3348, 3778, 3830
布 / ホワイト麻地
針 / クロバーフランス刺繍針No.8

1. 小さな花びらのロング&ショート st.

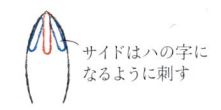

サイドはハの字に
なるように刺す

先をとがらせたい場合は、中心の両サイドのステッチ
をハの字になるように刺します。

2. 9のロング&ショートst.

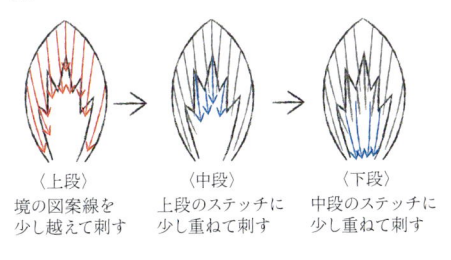

〈上段〉
境の図案線を
少し越えて刺す

〈中段〉
上段のステッチに
少し重ねて刺す

〈下段〉
中段のステッチに
少し重ねて刺す

3. 文字のバックst.

3出　6入
2入　　5出
1　4入
出

文字など細かいカーブの多
いバックst.は針目を小さく
するとなめらかなラインが刺
せます。基本的にはバックst.で書き順通りに刺します
が、裏糸が表に透けるのが気になる場合は裏糸が交
差しないよう、図のように刺し順をかえてもOKです。

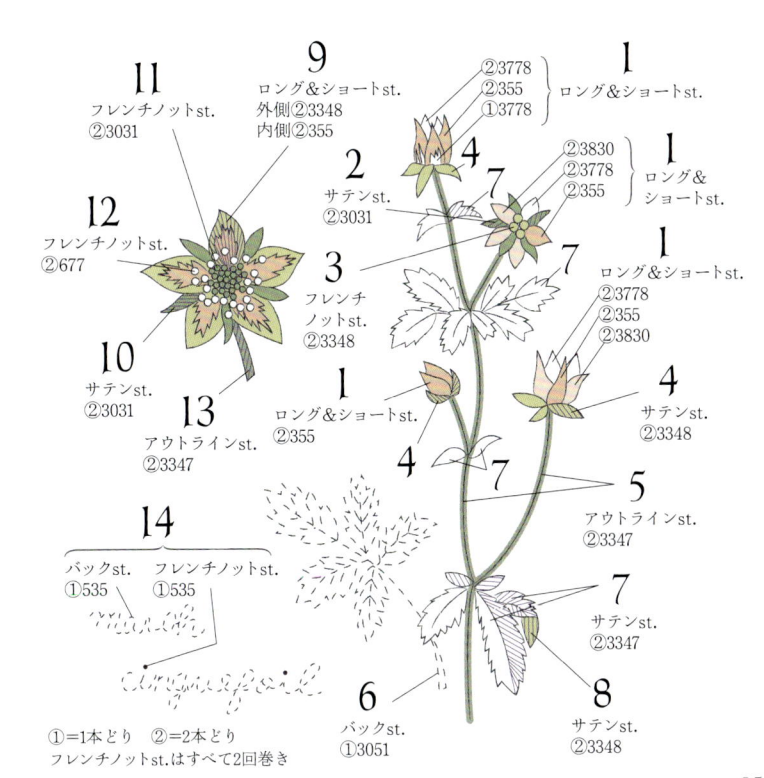

11
フレンチノットst.
②3031

9
ロング&ショートst.
外側②3348
内側②355

②3778
②355
①3778 } ロング&ショートst.

1
ロング&ショートst.

②3830
②3778
②355 } ロング&
ショートst.

1

12
フレンチノットst.
②677

2
サテンst.
②3031

4

7

3
フレンチ
ノットst.
②3348

7

1
ロング&ショートst.
②3778
②355
②3830

10
サテンst.
②3031

13
アウトラインst.
②3347

1
ロング&ショートst.
②355

4

7

4
サテンst.
②3348

5
アウトラインst.
②3347

14
バックst.　　フレンチノットst.
①535　　　①535

7
サテンst.
②3347

6
バックst.
①3051

8
サテンst.
②3348

①=1本どり　②=2本どり
フレンチノットst.はすべて2回巻き

lesson 17
satin stitch

花輪

サテンst.で鋭角の葉を刺す　布に写す図案 / p.74

使用する糸
DMC25番刺繍糸 / 322, 452, 798, 809, 3011, 3012, BLANC
布 / ネイビー麻地
針 / クローバーフランス刺繍針No.7

1. ステッチの方向は左右対称に

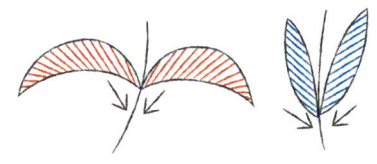

葉のステッチの方向は茎に対して左右対称に刺すと
自然に見えます。

2. カーブには隠し針を入れる

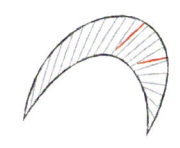

カーブが急な箇所にすき間が
あいてしまったら、無理にサテ
ンst.で埋めず、すでに刺してあ
るステッチの下に隠すようにし
てステッチを入れます。

3. ガクと花びらをくっつける

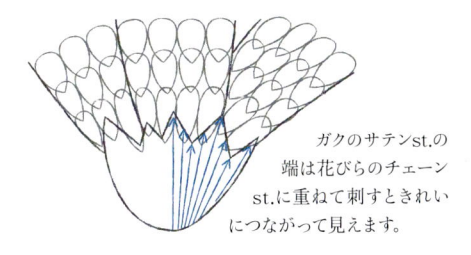

ガクのサテンst.の
端は花びらのチェーン
st.に重ねて刺すときれい
につながって見えます。

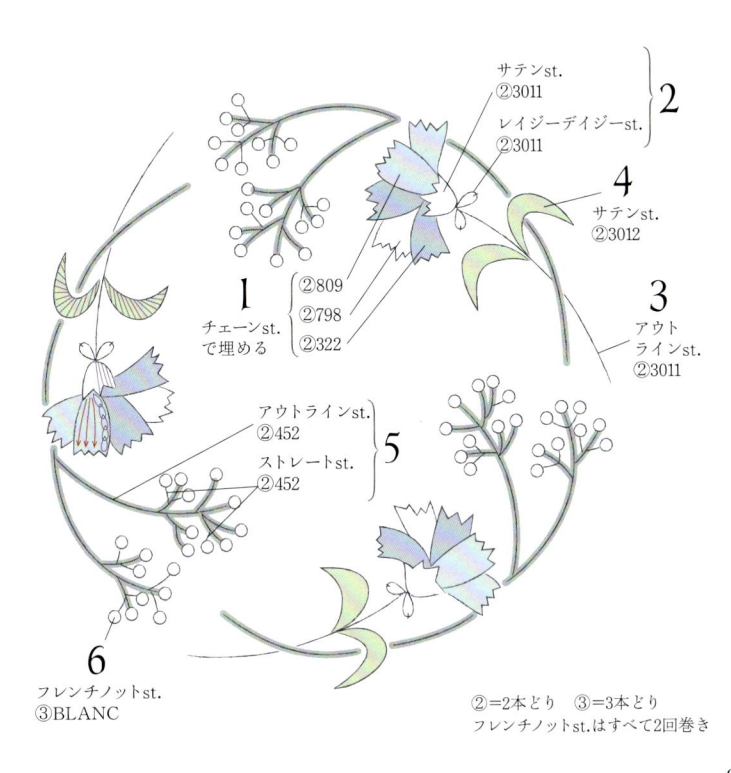

サテンst.
②3011

レイジーデイジーst.
②3011

2

4
サテンst.
②3012

1
チェーンst.
で埋める

②809
②798
②322

3
アウト
ラインst.
②3011

アウトラインst.
②452

ストレートst.
②452

5

6
フレンチノットst.
③BLANC

②=2本どり　③=3本どり
フレンチノットst.はすべて2回巻き

lesson 18
long & short stitch

レンゲソウ

purple milk-vetch

密集した面を埋める　布に写す図案 / p.75

使用する糸
DMC25番刺繍糸 / 153, 535, 552, 553, 554, 869, 937, 987, 988, 989
布 / ホワイト麻地
針 / クローバーフランス刺繍針　1・2本どり＝No.8、3・4本どり＝No.6

1. 下から、後ろ側の花びらから刺す

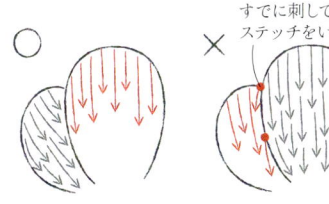

すでに刺してある
ステッチをいためてしまう

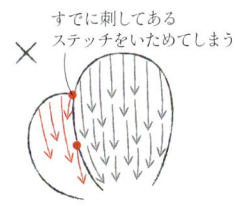

〈刺す順序〉

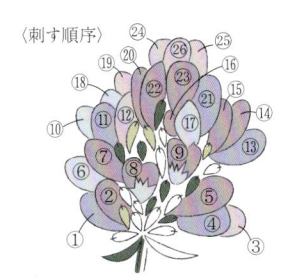

花びらは茎側から上へ、
後ろ側の花びらから前側
の花びらの順に刺します。
前側から刺すと、×の図
のようにすでに刺してある
ステッチを突き上げて傷め
てしまう原因になります。

2. すき間を埋めるレイジーデイジーst.は
大きさをランダムに

ストレートst.

大きさや、とめのステッチの長さをかえて刺すことで
本物の花らしい自然な表情が生まれます。

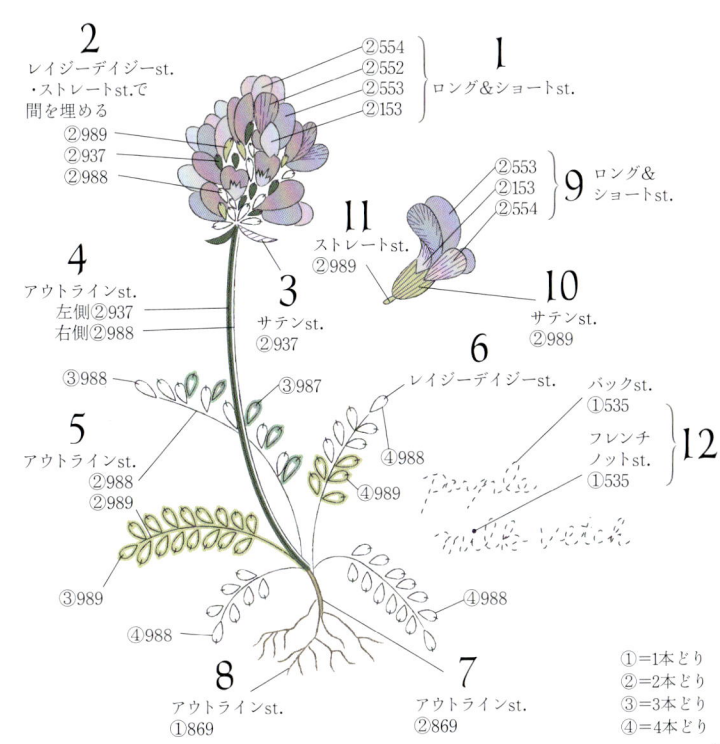

2
レイジーデイジーst.
・ストレートst.で
間を埋める

②554
②552
②553
②153

1
ロング＆ショートst.

②989
②937
②988

9
②553
②153
②554
ロング＆
ショートst.

11
ストレートst.
②989

4
アウトラインst.
左側②937
右側②988

3
サテンst.
②937

10
サテンst.
②989

6
レイジーデイジーst.

5
アウトラインst.
②988
②989

③988
③987

④988

④989

バックst.
①535

フレンチ
ノットst.
①535

12

③989

④988

8
アウトラインst.
①869

7
アウトラインst.
②869

④988

①＝1本どり
②＝2本どり
③＝3本どり
④＝4本どり

lesson 19
colors
ハーブ

色のバランスを考える　布に写す図案 / p.76

使用する糸
DMC25番刺繍糸 / 164, 470, 471, 472, 712, 760, 761, 818, 819, 844, 961, 962, 963, 987, 988, 989, 3346, 3347, 3348, 3688, 3689, 3713, 3716, 3866

布 / ホワイト麻地
針 / クロバーフランス刺繍針　1・2本どり＝No.8、3本どり＝No.7

1. 右側の花

②3347
②3689
②819　ランダムに刺す
②3346
②3688

2. 中央の花

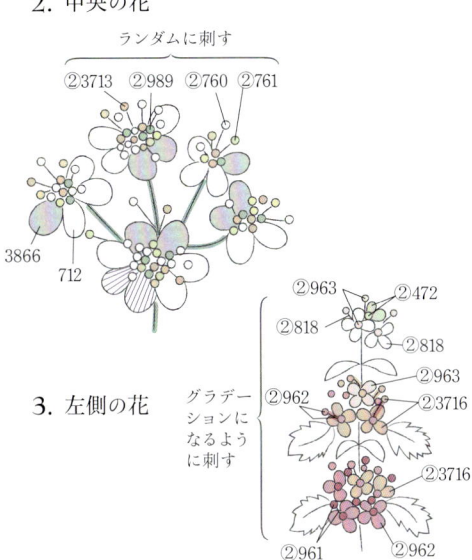

ランダムに刺す

②3713　②989　②760　②761

3866
712

②963　②472
②818
②818
②963
②962　②3716

3. 左側の花

グラデーションになるように刺す

②3716
②961　②962

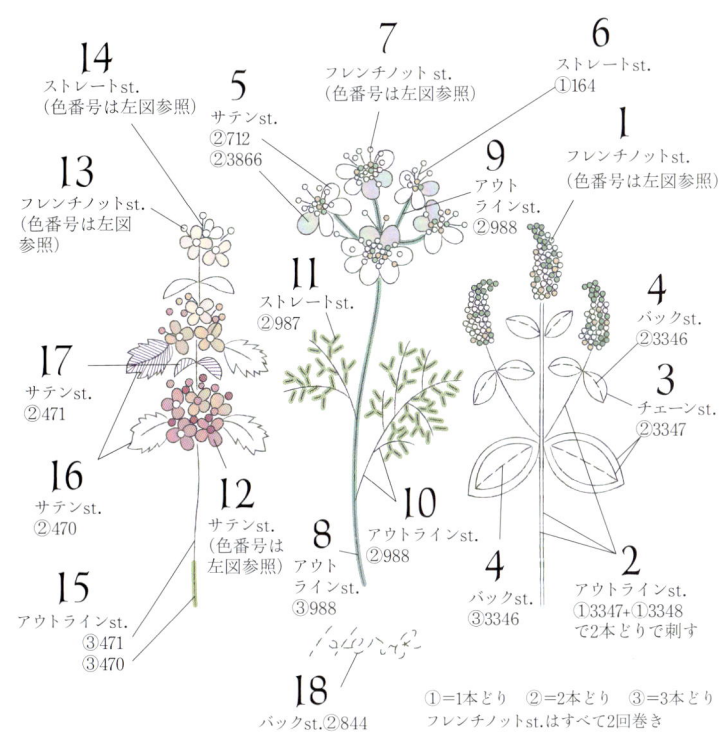

14 ストレートst.
（色番号は左図参照）

13 フレンチノットst.
（色番号は左図参照）

5 サテンst.
②712
②3866

7 フレンチノット st.
（色番号は左図参照）

6 ストレートst.
①164

1 フレンチノットst.
（色番号は左図参照）

9 アウトラインst.
②988

11 ストレートst.
②987

17 サテンst.
②471

16 サテンst.
②470

12 サテンst.
（色番号は左図参照）

15 アウトラインst.
③471
③470

8 アウトラインst.
③988

10 アウトラインst.
②988

4 バックst.
②3346

3 チェーンst.
②3347

4 バックst.
③3346

2 アウトラインst.
①3347＋①3348
で2本どりで刺す

18 バックst.②844

①＝1本どり　②＝2本どり　③＝3本どり
フレンチノットst.はすべて2回巻き

lesson 20
leaves

リーフ

葉のいろいろな刺し方　布に写す図案 / p.77

使用する糸
DMC25番刺繍糸 / 347, 640, 646, 988, 3346, 3348, 3363, 3820, 3822
布 / ホワイト麻地
針 / クロバーフランス刺繍針　2本どり＝No.8、4本どり＝No.6

1. レイジーデイジー st. の中にストレート st. の葉

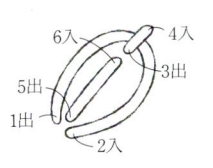

6入　　4入
5出　　3出
1出
2入

1〜6の刺し順で1枚
ずつ仕上げます。

2. チェーン st. の葉

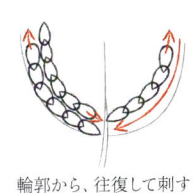

輪郭から、往復して刺す

角では一度とめ糸で
とめ、次のステッチは
角のステッチの中から
始める

3. フィッシュボーン st. とリーフ st.

①先端に
ストレート st.

〈フィッシュボーン st.〉
先端から刺す

1　4
3　2
を繰り返す

〈リーフ st.〉
根元から刺す

4　2
8　6
1　3
を繰り返す

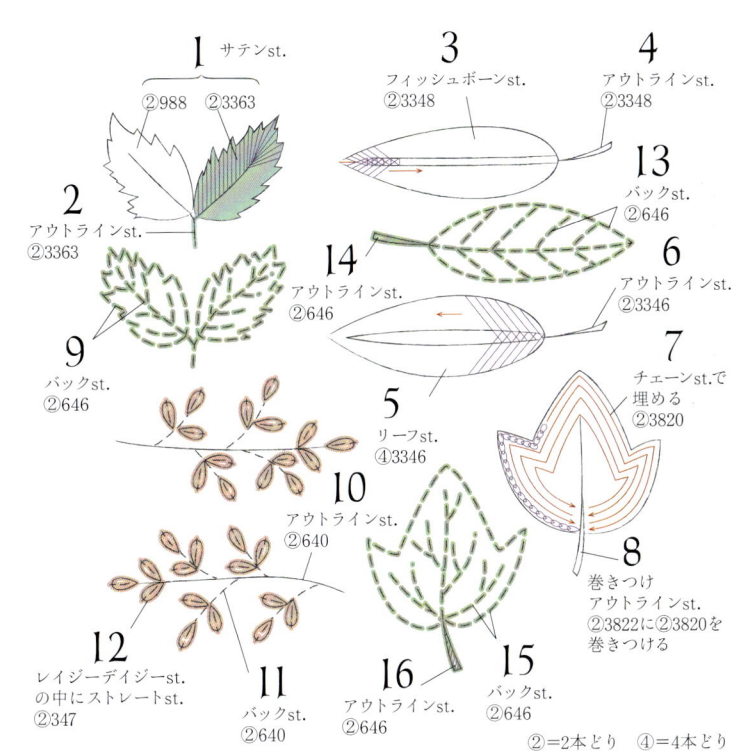

1　サテン st.
②988 ②3363

2
アウトライン st.
②3363

9
バック st.
②646

3
フィッシュボーン st.
②3348

4
アウトライン st.
②3348

13
バック st.
②646

14
アウトライン st.
②646

5
リーフ st.
④3346

10
アウトライン st.
②640

12
レイジーデイジー st.
の中にストレート st.
②347

11
バック st.
②640

16
アウトライン st.
②646

6
アウトライン st.
②3346

7
チェーン st. で
埋める
②3820

8
巻きつけ
アウトライン st.
②3822に②3820を
巻きつける

15
バック st.
②646

②＝2本どり　④＝4本どり

059

color sampler

DMC25番
刺しゅう糸色見本帳

DMC で最初に染められたのは 300 番台の色。

それからどんどん色数が増えて、現在ではこんなに表現の幅が広がりました。

この本では色を見つけやすいように、番号順に並べています。

new color

01	13	25
02	14	26
03	15	27
04	16	28
05	17	29
06	18	30
07	19	31
08	20	32
09	21	33
10	22	34
11	23	35
12	24	

※2017年10月発売

150〜	166〜	309〜	335〜
150	166	309	335
151	167	310	336
152	168	311	340
153	169	312	341
154	208	315	347
155	209	316	349
156	210	317	350
157	211	318	351
158	221	319	352
159	223	320	353
160	224	321	355
161	225	322	356
162	300	326	367
163	301	327	368
164	304	333	369
165	307	334	370

371~	445~	519~	581~	640~	704~	739~	777~
371	445	519	581	640	704	739	777
372	451	520	597	642	712	740	778
400	452	522	598	644	718	741	779
402	453	523	600	645	720	742	780
407	469	524	601	646	721	743	782
413	470	535	602	647	722	744	783
414	471	543	603	648	725	745	791
415	472	550	604	666	726	746	792
420	498	552	605	676	727	747	793
422	500	553	606	677	728	754	794
433	501	554	608	680	729	758	796
434	502	561	610	699	730	760	797
435	503	562	611	700	732	761	798
436	505	563	612	701	733	762	799
437	517	564	613	702	734	772	800
444	518	580	632	703	738	775	801

803~	827~	891~	912~	934~	957~	987~	3032~
803	827	891	912	934	957	987	3032
807	828	892	913	935	958	988	3033
809	829	893	915	936	959	989	3041
813	830	894	917	937	961	991	3042
814	831	895	918	938	962	992	3045
815	832	898	919	939	963	993	3046
816	833	899	920	943	964	995	3047
817	834	900	921	945	966	996	3051
818	838	902	922	946	967	3011	3052
819	839	904	924	947	970	3012	3053
820	840	905	926	948	972	3013	3064
822	841	906	927	950	973	3021	3072
823	842	907	928	951	975	3022	3078
824	844	909	930	954	976	3023	3325
825	869	910	931	955	977	3024	3326
826	890	911	932	956	986	3031	3328

3340~	3687~	3743~	3774~	3807~	3823~	3839~	3855~
3340	3687	3743	3774	3807	3823	3839	3855
3341	3688	3746	3776	3808	3824	3840	3856
3345	3689	3747	3777	3809	3825	3841	3857
3346	3705	3750	3778	3810	3826	3842	3858
3347	3706	3752	3779	3811	3827	3843	3859
3348	3708	3753	3781	3812	3828	3844	3860
3350	3712	3755	3782	3813	3829	3845	3861
3354	3713	3756	3787	3814	3830	3846	3862
3362	3716	3760	3790	3815	3831	3847	3863
3363	3721	3761	3799	3816	3832	3848	3864
3364	3722	3765	3801	3817	3833	3849	3865
3371	3726	3766	3802	3818	3834	3850	3866
3607	3727	3768	3803	3819	3835	3851	B5200
3608	3731	3770	3804	3820	3836	3852	BLANC
3609	3733	3771	3805	3821	3837	3853	ECRU
3685	3740	3772	3806	3822	3838	3854	

〈 この本に出てくるステッチ 〉

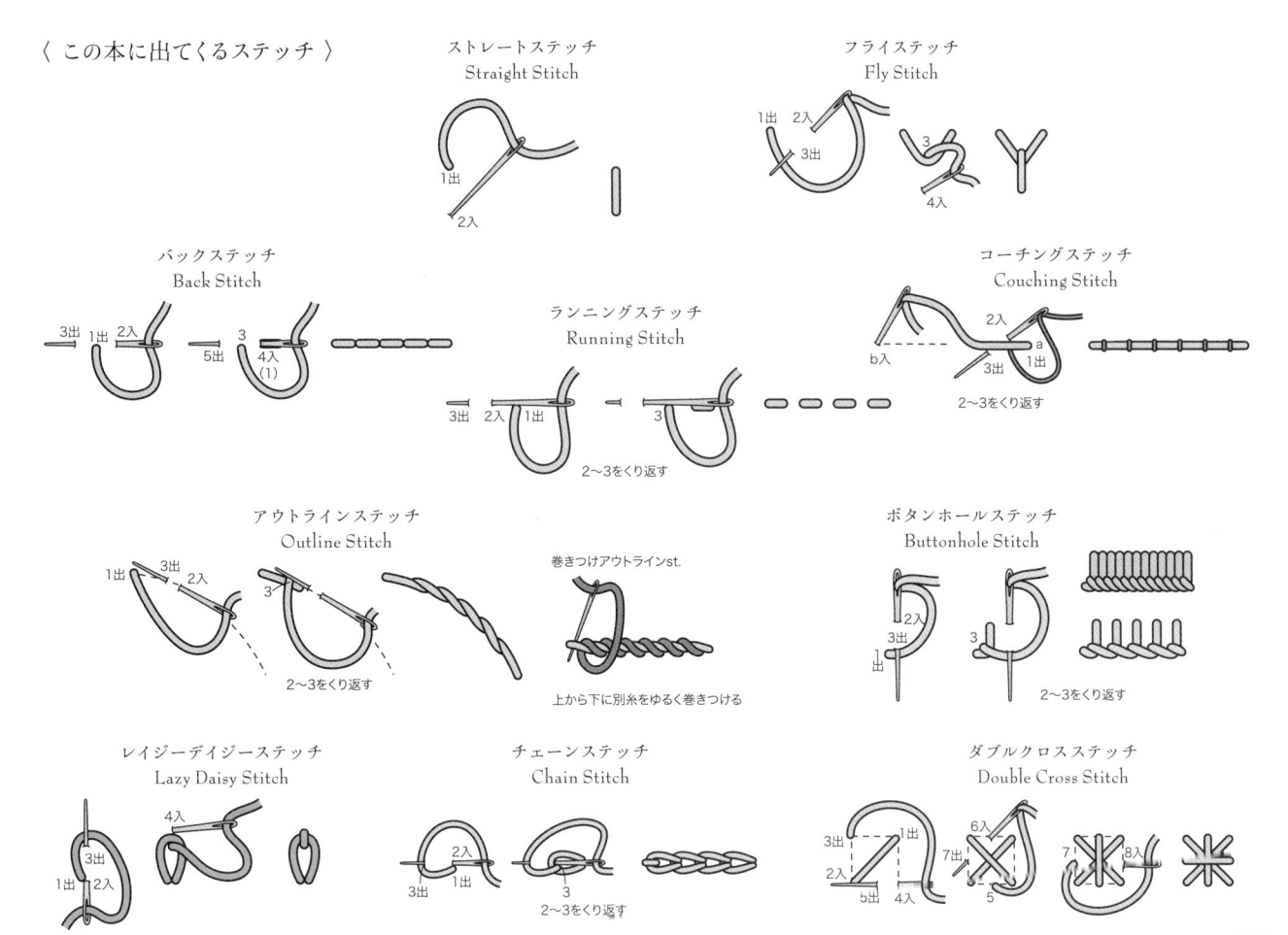

ストレートステッチ
Straight Stitch

フライステッチ
Fly Stitch

バックステッチ
Back Stitch

ランニングステッチ
Running Stitch

コーチングステッチ
Couching Stitch

アウトラインステッチ
Outline Stitch

巻きつけアウトラインst.

ボタンホールステッチ
Buttonhole Stitch

レイジーデイジーステッチ
Lazy Daisy Stitch

チェーンステッチ
Chain Stitch

ダブルクロスステッチ
Double Cross Stitch

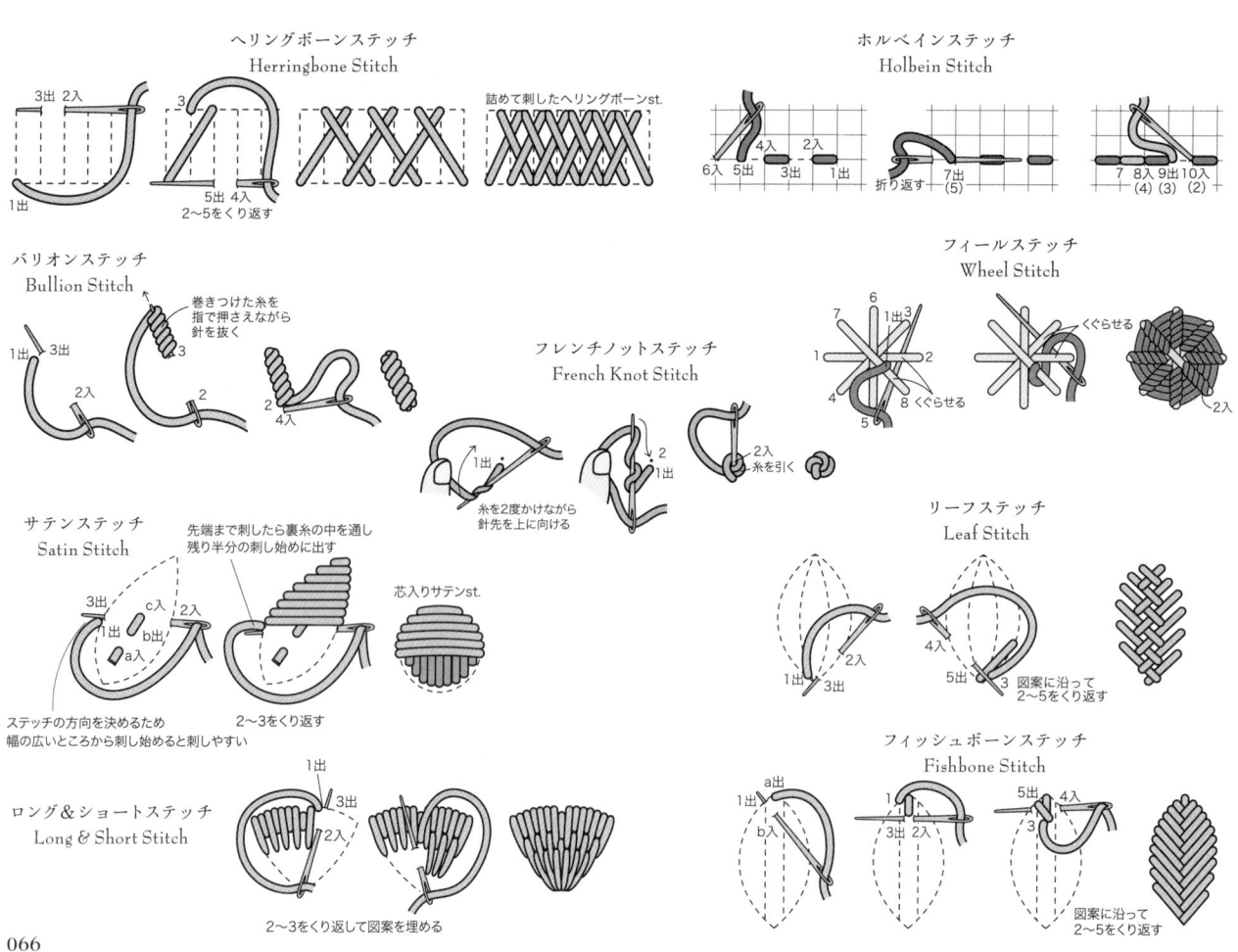

lesson 1

p.20

タンポポ

lesson 5

p.28

ミモザ

lesson 2

青い小花

lesson 4

リンネソウ

Twinflower

p.30

lesson 6
花冠

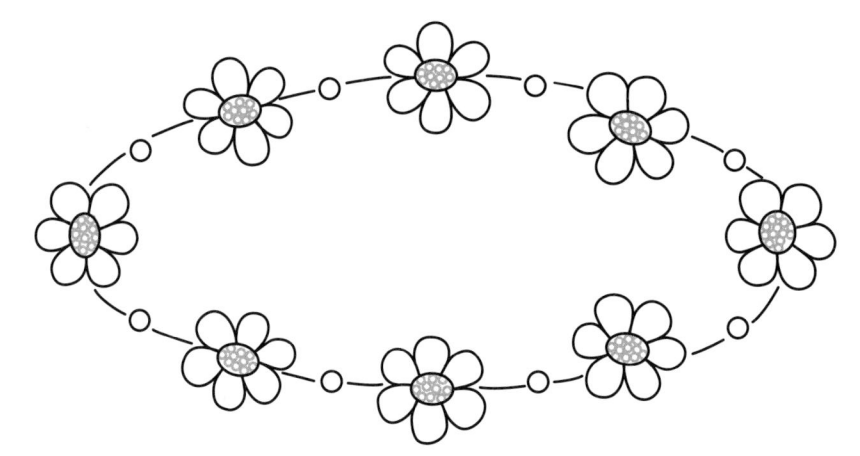

p.36

lesson 9
ハナビソウ

p.34

lesson 8

シロツメクサ

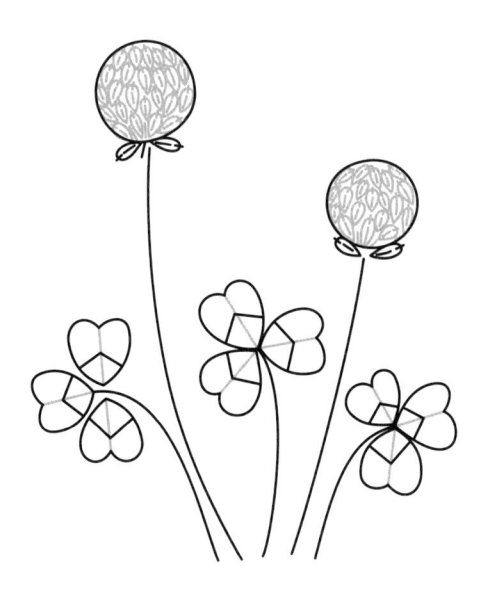

p.38

lesson 10

ヒマワリ

lesson 11

p.40

マーガレット

lesson 12

p.42

五弁の花

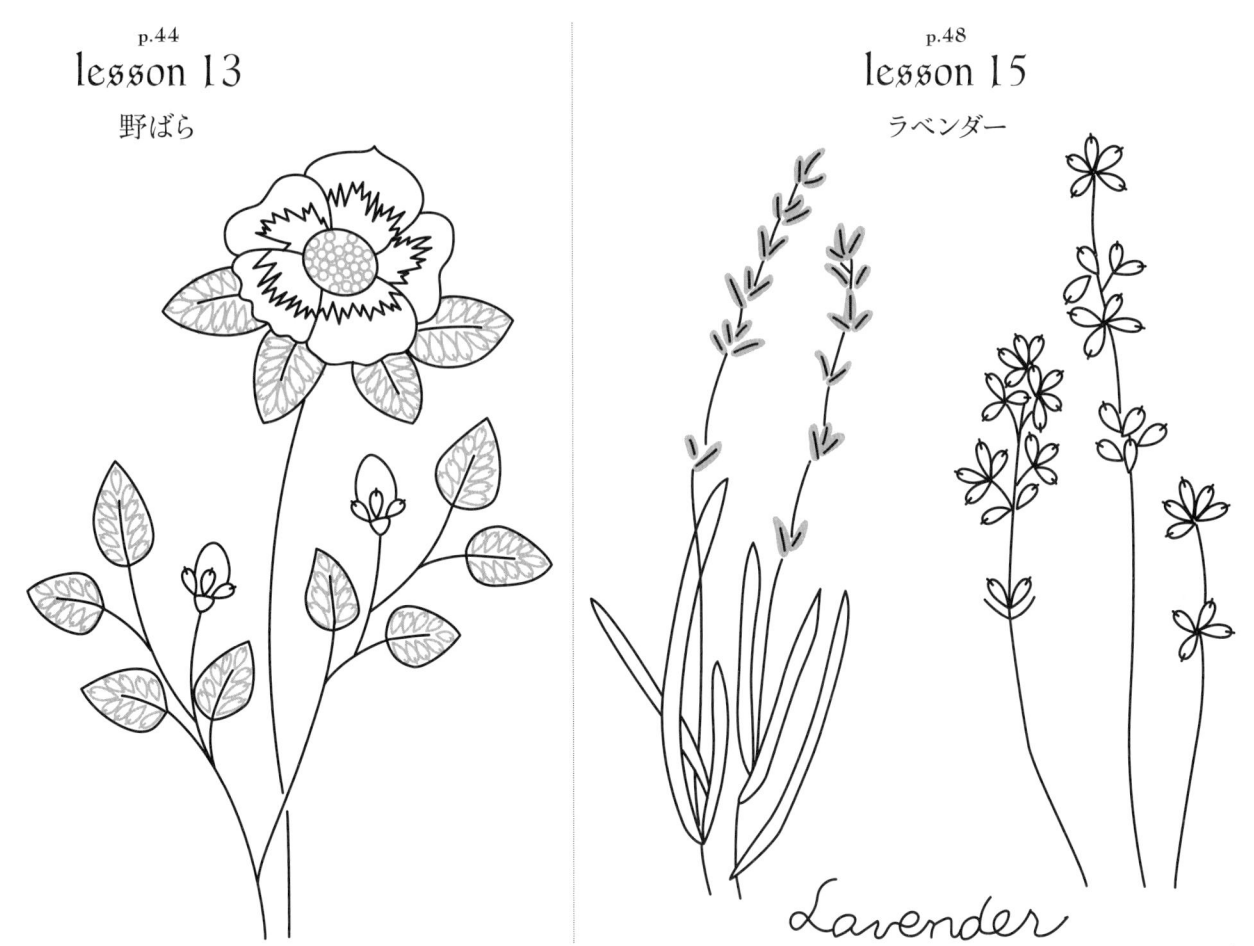

p.44
lesson 13

野ばら

p.48
lesson 15

ラベンダー

Lavender

p.52
lesson 17
花輪

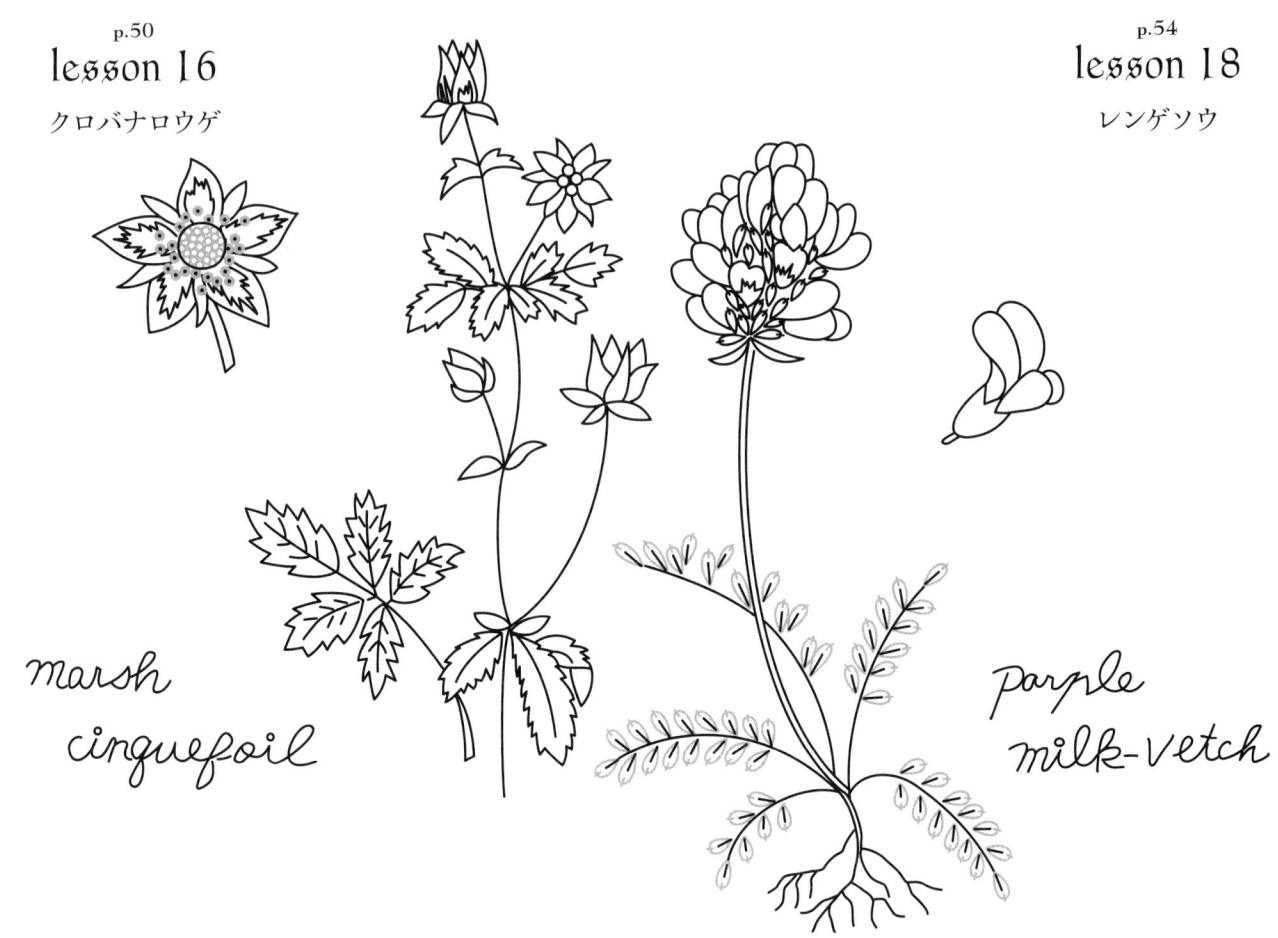

p.50

lesson 16

クロバナロウゲ

p.54

lesson 18

レンゲソウ

marsh

cinquefoil

purple

milk-vetch

lesson 19

ハーブ

Herb

lesson 20

リーフ

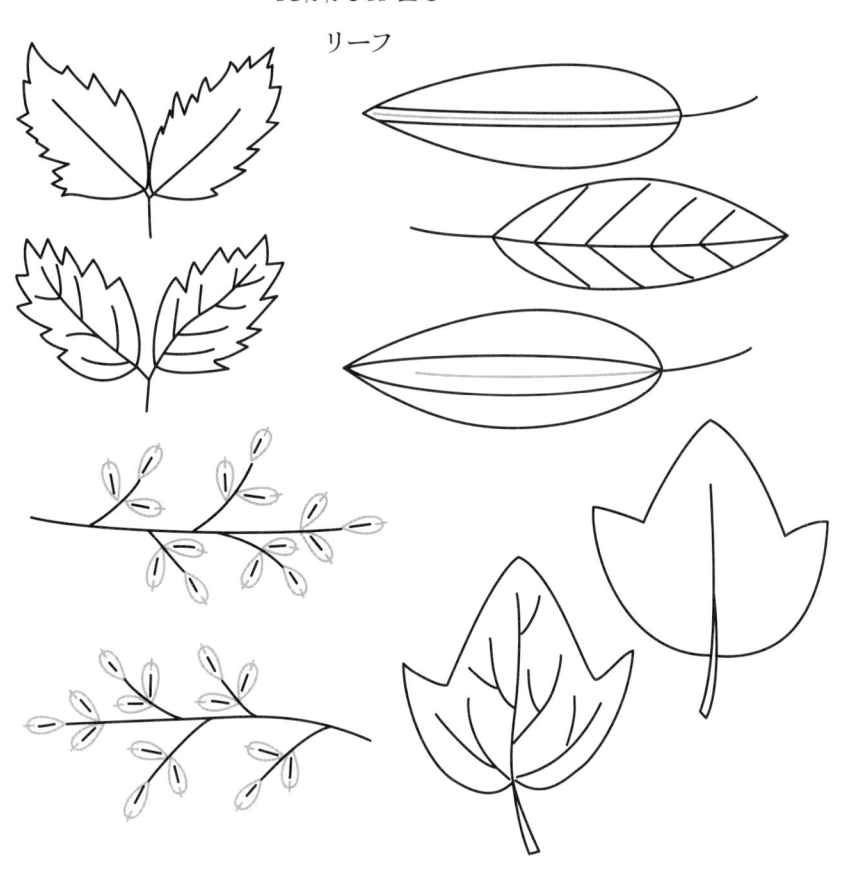

p.46
lesson 14

野の花

刺し方・色番号は**p.47**を参照

材料（1点分）
白リネン10×20cm
詰め綿適宜

作り方
1. 本体用リネンに刺しゅうをする。本体2枚を
   中表に合わせ、返し口を残して縫う。

2. 表に返して綿を詰める。

3. 返し口をまつって閉じる。

でき上がりサイズ
8×5.5cm

本体 (2枚)

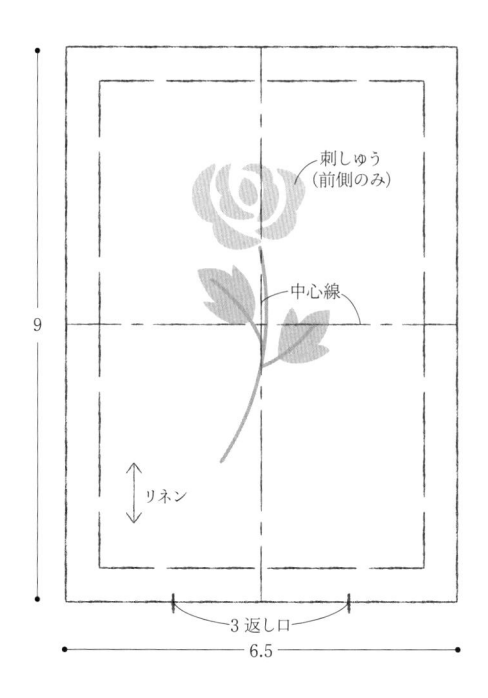

刺しゅう
（前側のみ）

中心線

9

リネン

3 返し口

6.5

1 刺しゅうをして、2枚を中表に 合わせて周囲を縫う

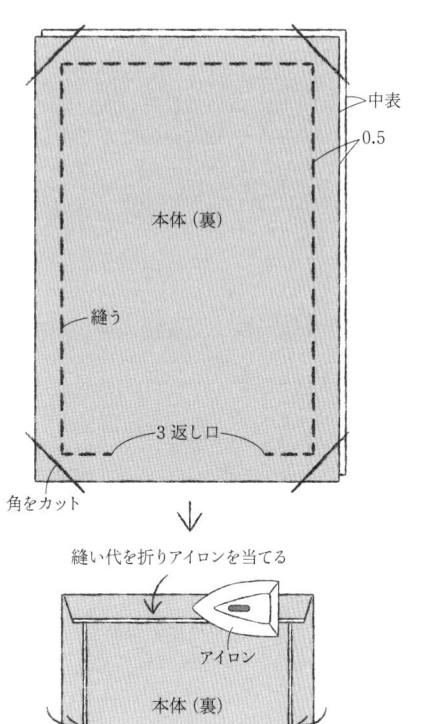

中表

0.5

本体（裏）

縫う

3 返し口

角をカット

縫い代を折りアイロンを当てる

アイロン

本体（裏）

2 表に返して綿をつめる

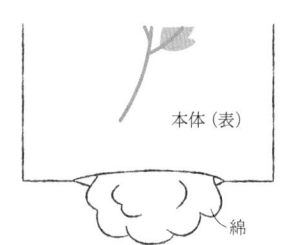

本体（表）

綿

でき上がり図

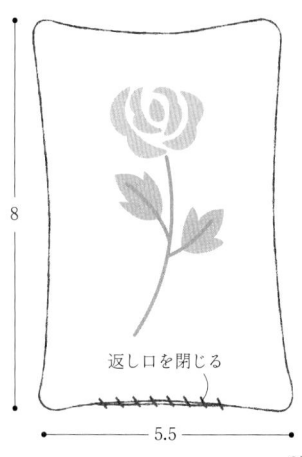

8

返し口を閉じる

5.5

p.8
sewing case

ソーイングケース

刺し方はp.35を参照

材料
緑リネン15×25cm
白フェルト40×40cmを1枚
接着芯11×21cm
幅0.7cm白グログランリボン40cm
幅0.5cm白グログランリボン35cm

作り方
1. 本体用リネンに刺しゅうをする。裁ち切りの
   接着芯を貼り、縫い代を裏に折る。リボンを
   縫いとめる。
2. フェルトを裁ち、b、c、dの周囲をピンキング
   ばさみでカットする。bの上にcとdを重ねて
   縫う。
3. eの上辺をピンキングばさみでカットしてaに
   重ね、脇と底を縫いポケットを作る。1cm上
   の位置にリボンの中心を合わせて縫いとめ
   る。
4. 3の上に2を重ねて中心を縫う。
5. 1と4を外表に合わせて周囲をまつる。

でき上がりサイズ　11×10.5cm

080

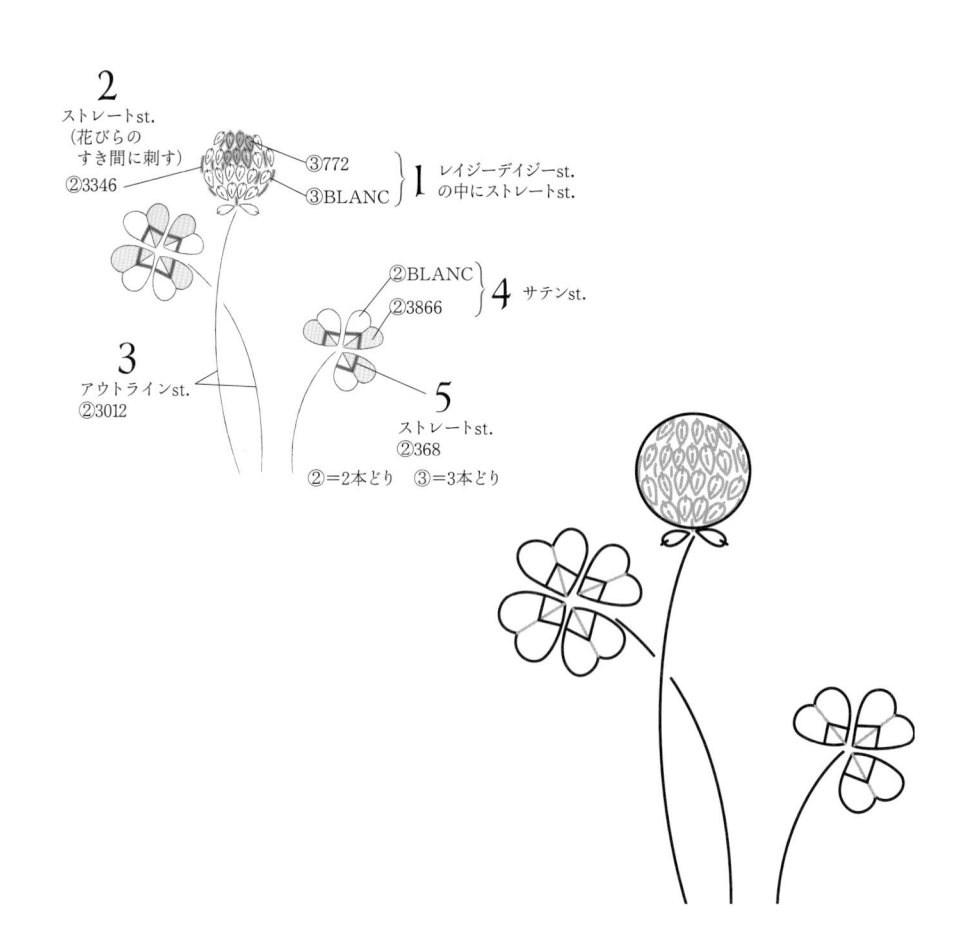

2
ストレートst.
（花びらの
すき間に刺す）
②3346 ③772
③BLANC
1 レイジーデイジーst.
の中にストレートst.

②BLANC
②3866
4 サテンst.

3
アウトラインst.
②3012

5
ストレートst.
②368

②=2本どり　③=3本どり

本体

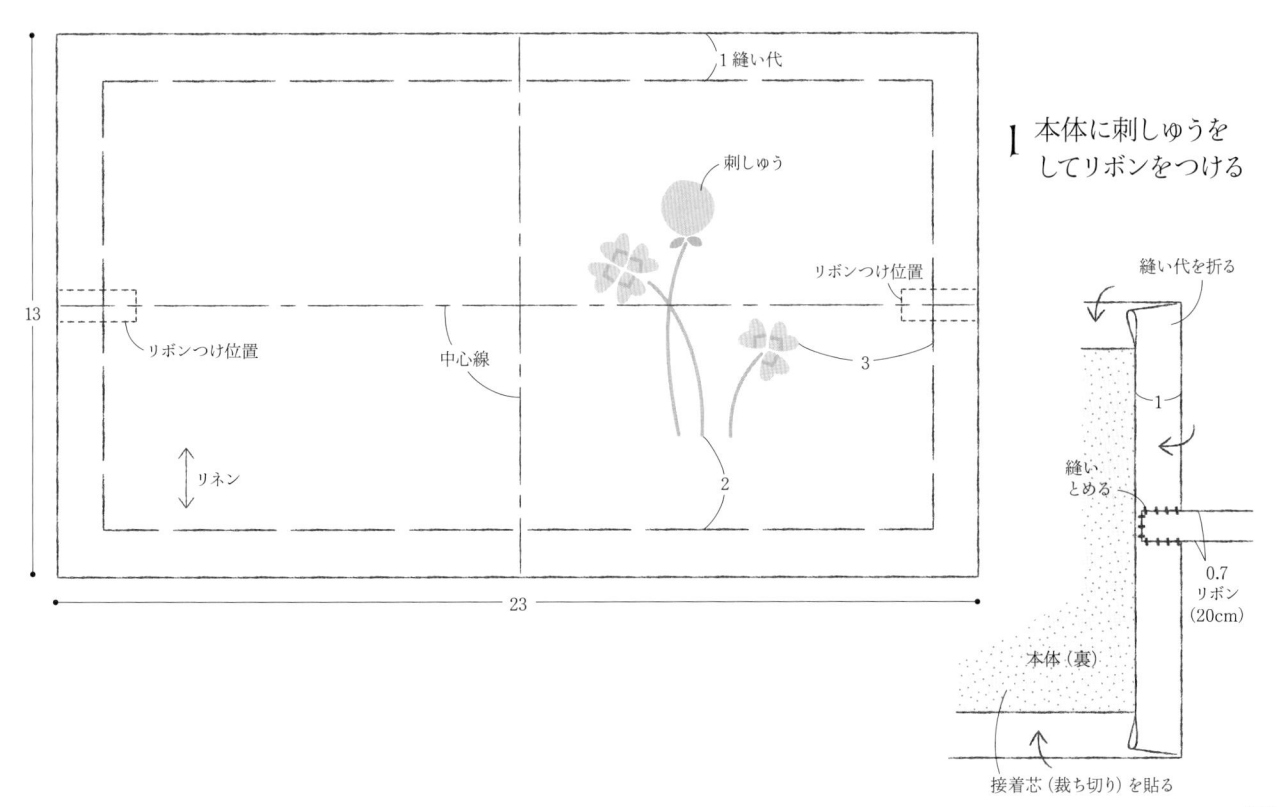

1 縫い代

刺しゅう

リボンつけ位置

13

リボンつけ位置

中心線

3

リネン

2

23

**1 本体に刺しゅうを
してリボンをつける**

縫い代を折る

1

縫い
とめる

0.7
リボン
(20cm)

本体 (裏)

接着芯 (裁ち切り) を貼る

裁ち方図

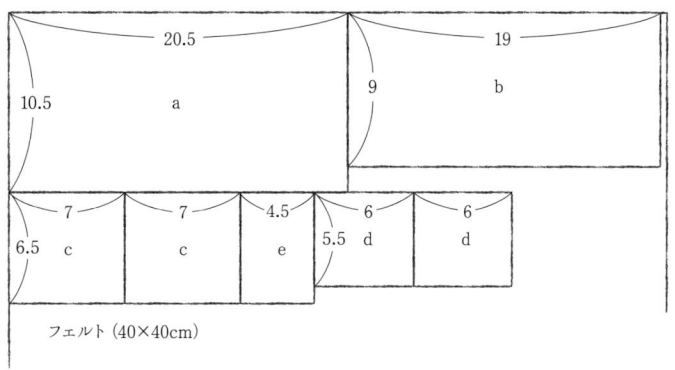

フェルト (40×40cm)

2 フェルトbにc、dを重ねて縫う

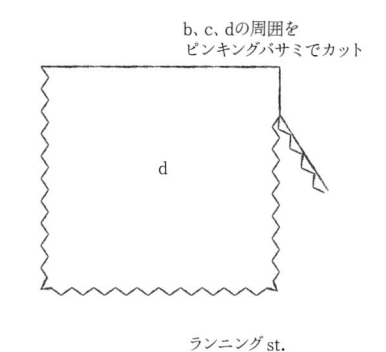

b、c、dの周囲を
ピンキングバサミでカット

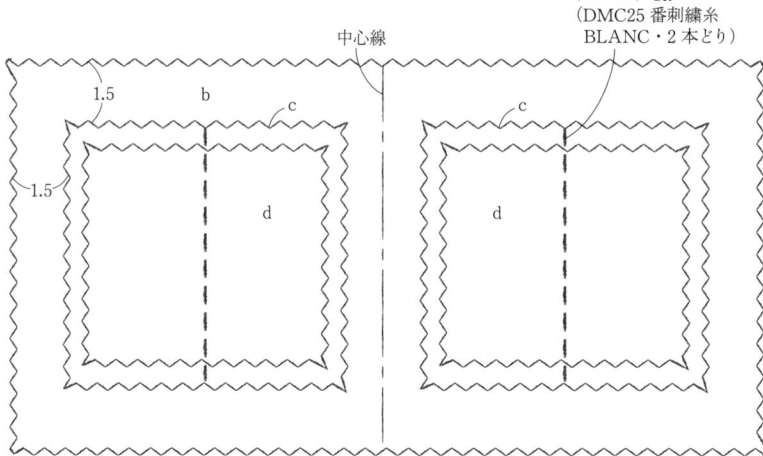

中心線

ランニング st.
（DMC25 番刺繍糸
BLANC・2 本どり）

3 aにeを重ねて縫う

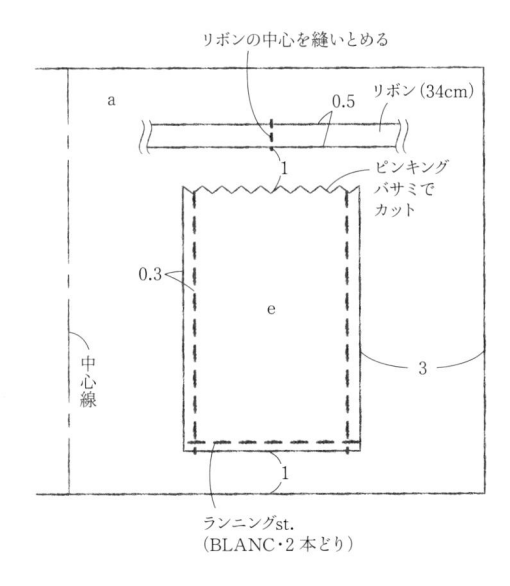

リボンの中心を縫いとめる

a

0.5　リボン（34cm）

1

ピンキング
バサミで
カット

0.3

e

3

1

中心線

ランニングst.
（BLANC・2 本どり）

4 aにbを重ねて中心を縫う

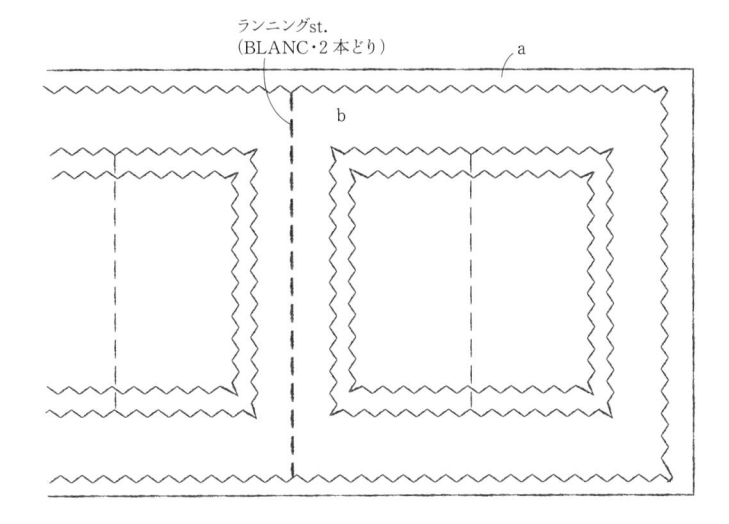

ランニングst.
（BLANC・2 本どり）

a

b

5 本体と内側を縫い合わせる

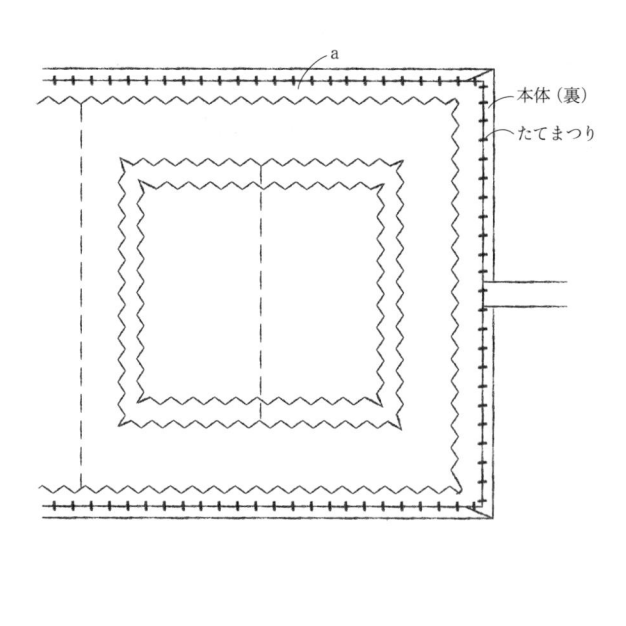

本体（裏）

たてまつり

a

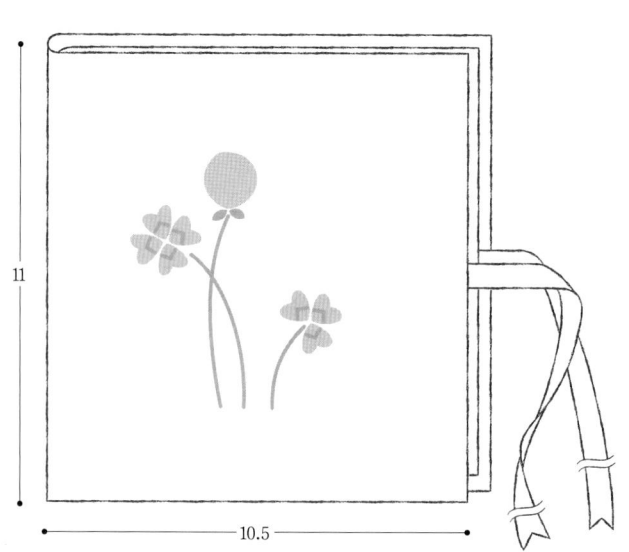

でき上がり図

11

10.5

p.10
bookmark
ブックマーク

p.24
lesson 3
チロリアンテープ

刺し方・チロリアンテープの色番号はp.25を参照

材料
白リネン20×20cm
両面接着芯13×7cm
幅0.5cmリボン10cm

作り方
1. 前側リネンに刺しゅうをする。裏に両面接着芯を貼り、後ろ側リネンと貼り合わせる。
2. 1の周囲にボタンホールステッチをする。
3. 上部分にアイレットステッチをしてリボンの穴を作る。
4. リボンを二つに折って穴の中に通し、輪にリボンの端を通す。

でき上がりサイズ
13×6.5cm（リボンは含まず）

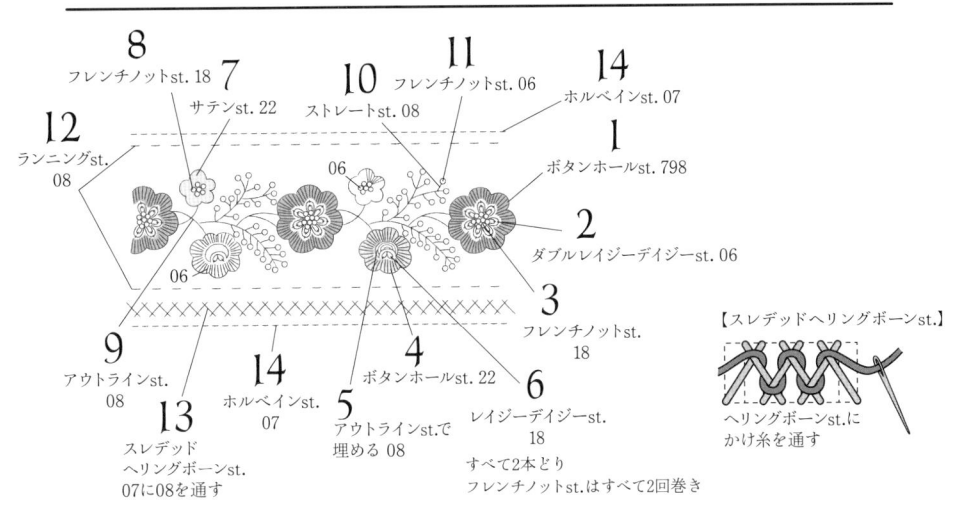

8 フレンチノットst. 18

7 サテンst. 22

10 ストレートst. 08

11 フレンチノットst. 06

14 ホルベインst. 07

12 ランニングst. 08

1 ボタンホールst. 798

2 ダブルレイジーデイジーst. 06

3 フレンチノットst. 18

9 アウトラインst. 08

13 スレデッドヘリングボーンst. 07に08を通す

14 ホルベインst. 07

5 アウトラインst.で埋める 08

4 ボタンホールst. 22

6 レイジーデイジーst. 18

すべて2本どり
フレンチノットst.はすべて2回巻き

【スレデッドヘリングボーンst.】

ヘリングボーンst.にかけ糸を通す

085

前側（後ろ側同寸）

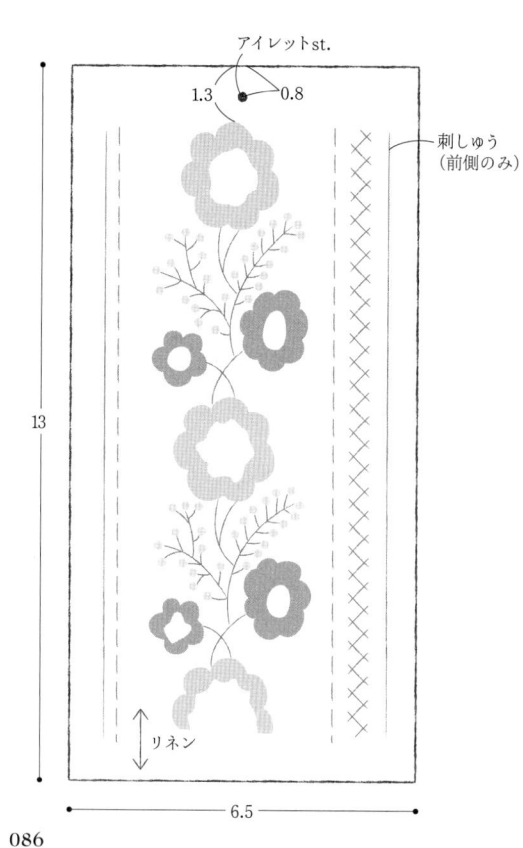

アイレットst.

1.3　0.8

刺しゅう
（前側のみ）

13

6.5

リネン

1　前側に刺しゅうをし、後ろ側と貼り合わせる

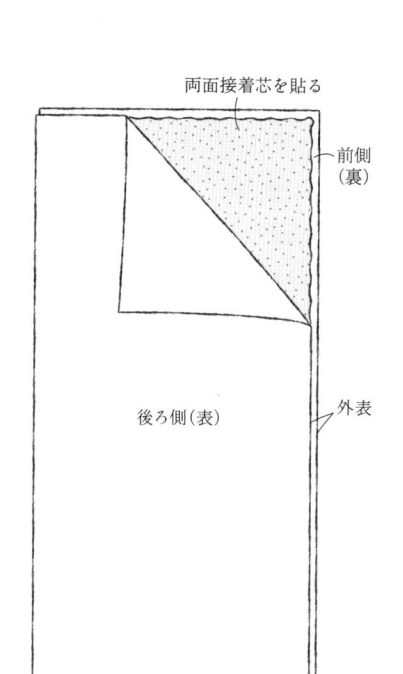

両面接着芯を貼る

前側
（裏）

後ろ側（表）

外表

2　周囲をボタンホールステッチする

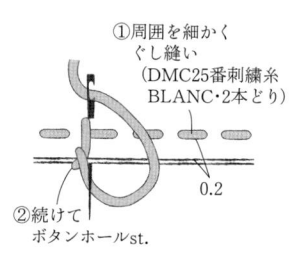

①周囲を細かく
ぐし縫い
（DMC25番刺繍糸
BLANC・2本どり）

0.2

②続けて
ボタンホールst.

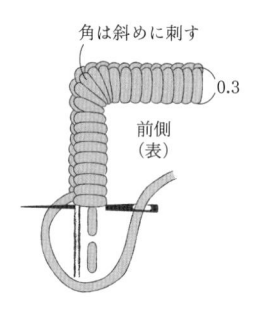

角は斜めに刺す

0.3

前側
（表）

3 アイレットステッチをする

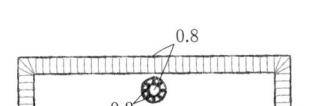

0.8

0.2

4 リボンをつける

リボンを二つ折り
にして通す　　　輪にリボンを通す

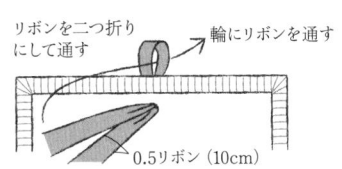

0.5リボン（10cm）

でき上がり図

端をカット

3.5

13

6.5

アイレットステッチ

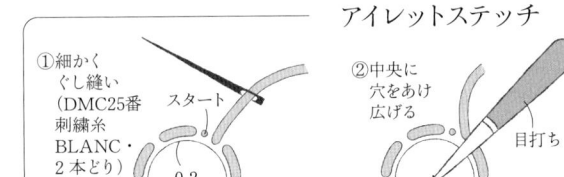

①細かく
ぐし縫い
（DMC25番
刺繍糸
BLANC・
2本どり）

スタート

0.2

②中央に
穴をあけ
広げる

目打ち

③巻く

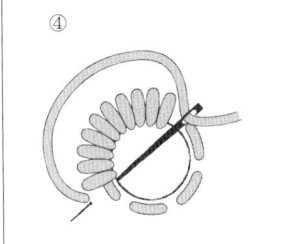

④

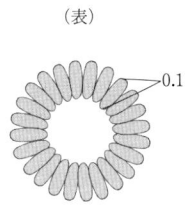

（表）

0.1

（裏）

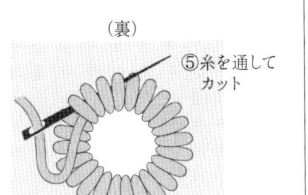

⑤糸を通して
カット

box ボックス

刺し方は**p.45**を参照

材料

チェックリネン30×30cm、緑リネン110×20cm

キルト綿13×13cm

厚紙 (厚さ2mm)

　[1枚] 11.8×11.8cm、12.6×12.6cm

　[2枚] 12.2×6.5cm、11.8×6.5cm、13×2.2cm、

12.6×2.2cm

ケント紙

　[1枚] 12.5×12.5cm　[2枚] 11.7×11.7cm

　[4枚] 11.7×6cm

水ばりテープ・木工用ボンド・両面テープ適宜

作り方

1. 図を参照して厚紙、ケント紙、布をカットする。厚紙を組み立てて水ばりテープを貼り、本体とふたを作る。

2. 本体側面に布を貼り、のり代は底と内側に貼る。

3. 布に各ケント紙を貼り、内底、側面内側、外底の順番に貼り本体を完成させる。

4. ふた用リネンに刺しゅうをする。ふた上面にキルト綿を両面テープで貼り、刺しゅう布をかぶせて側面に貼る。余分をカットしてのり代は内側、ふた上面の裏まで貼る。

5. 布にケント紙を貼り、ふた裏に貼る。

でき上がりサイズ　13×13×高さ約7cm

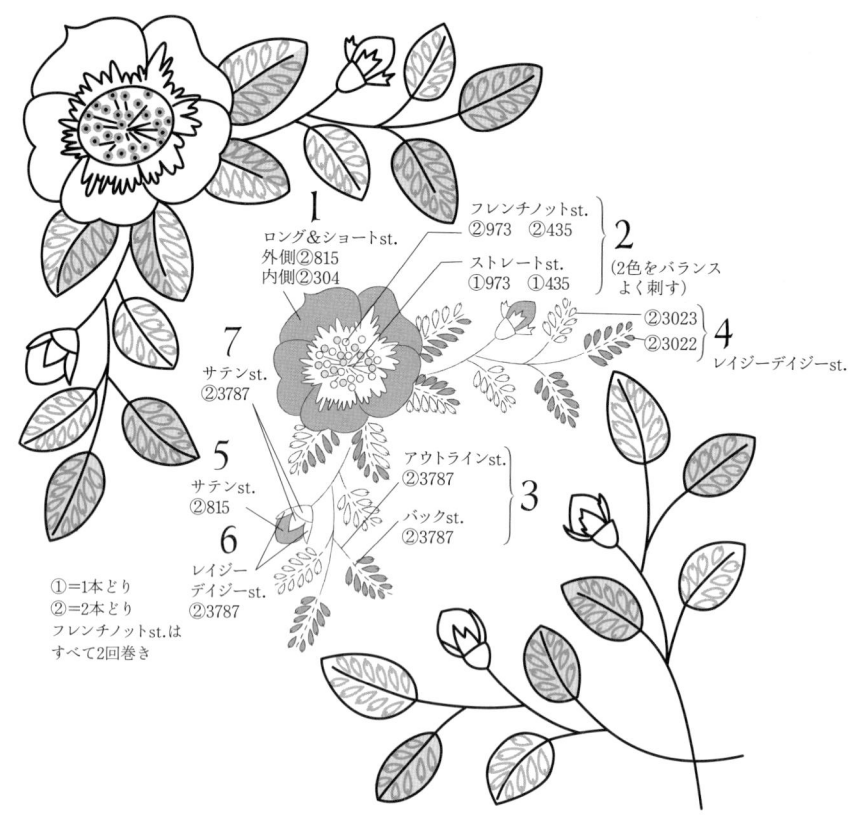

1

ロング&ショートst.
外側②815
内側②304

フレンチノットst.
②973　②435

2

(2色をバランス
よく刺す)

ストレートst.
①973　①435

②3023
②3022

4

レイジーデイジーst.

7

サテンst.
②3787

アウトラインst.
②3787

3

5

サテンst.
②815

バックst.
②3787

6

レイジー
デイジーst.
②3787

①=1本どり
②=2本どり
フレンチノットst.は
すべて2回巻き

材料を準備する

◆ 厚紙

◆ ケント紙

◆ キルト綿

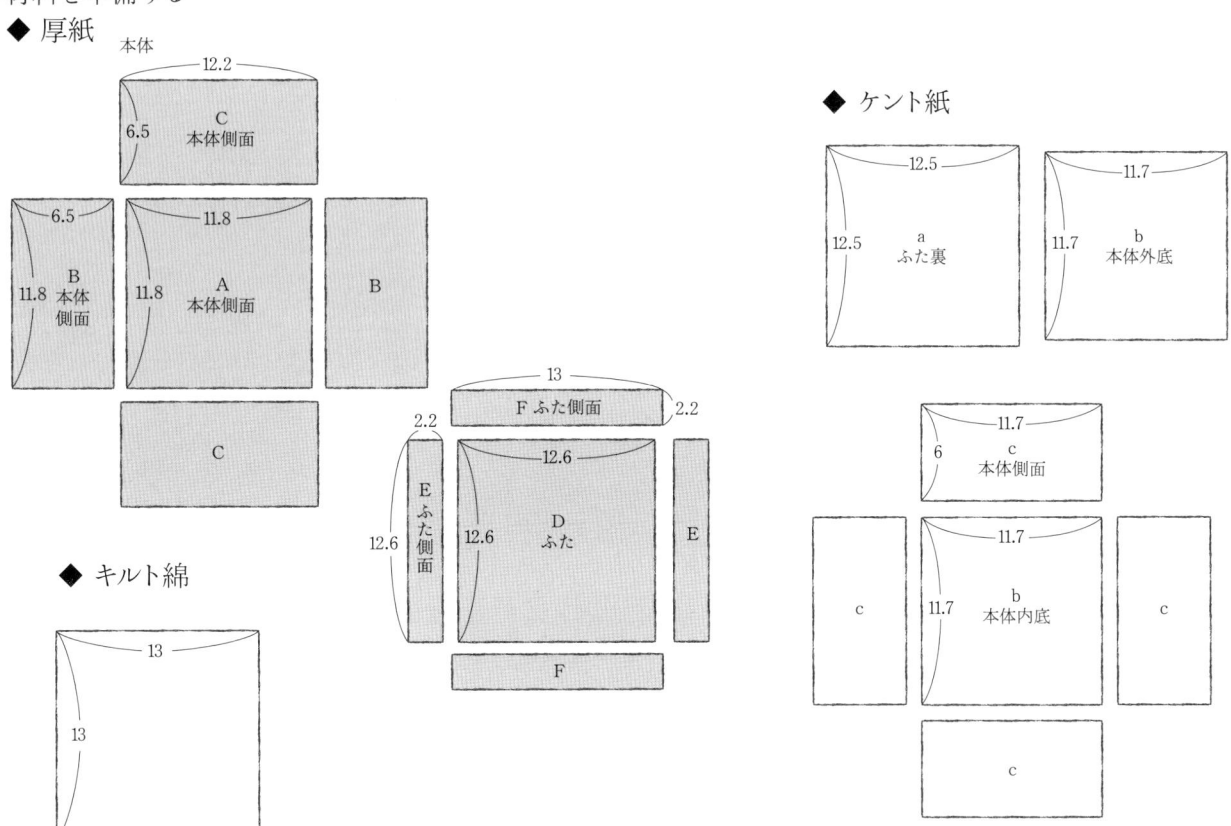

◆ 布

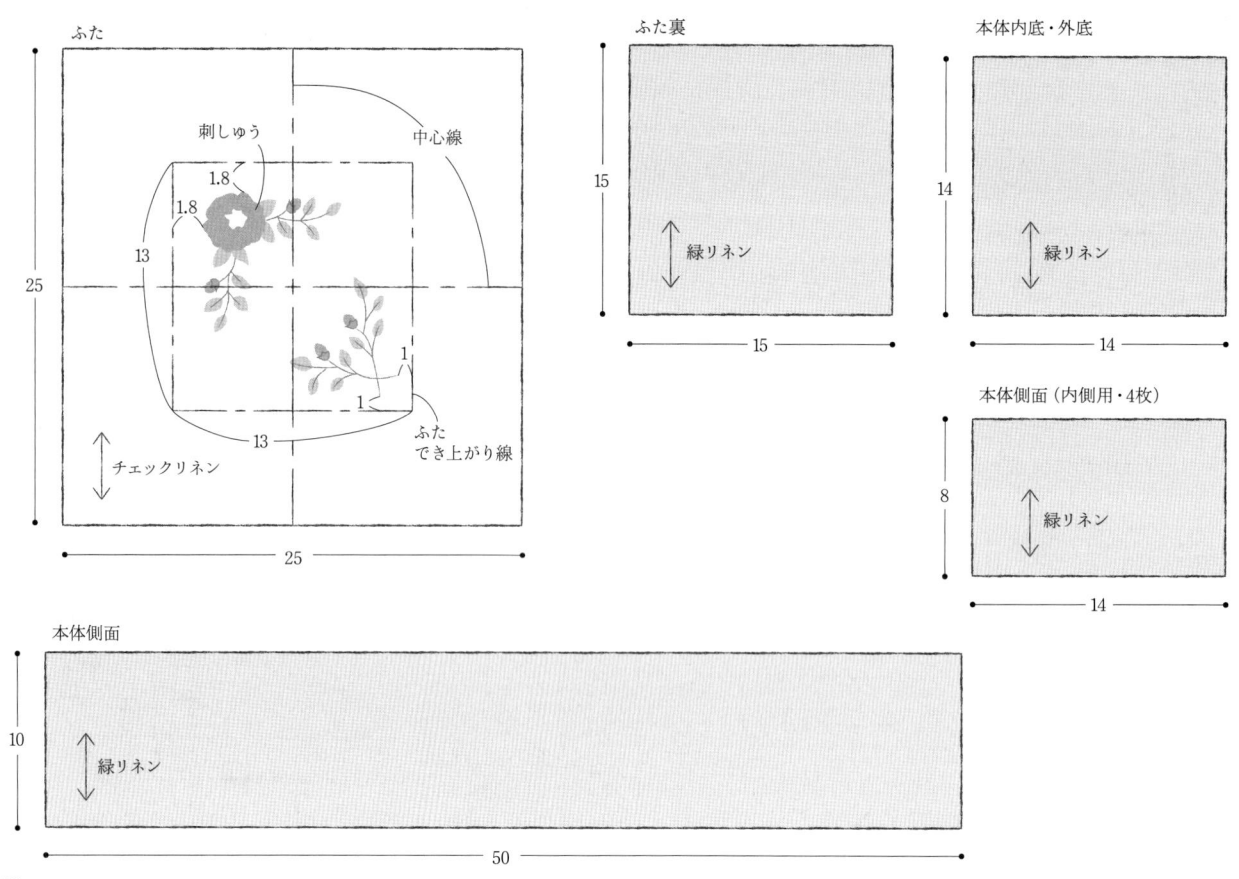

ふた

刺しゅう

中心線

1.8

1.8

13

25

13

チェックリネン

1

1

ふた
でき上がり線

25

ふた裏

15

緑リネン

15

本体内底・外底

14

緑リネン

14

本体側面（内側用・4枚）

8

緑リネン

14

本体側面

10

緑リネン

50

1 箱を組み立てる

〈本体〉

②両側の
Bを貼る

④前後のCを貼る

③ボンド
を塗る

①ボンドを
塗る

⑤水ばりテープで補強する

〈ふた〉 DにE→Fの順に貼る

2 本体の外貼りをする

側面を
巻いて貼る

本体
側面布
（裏）

②板の厚さ分を
2本カット

③内側に貼る

2mm

切りとる

※四端を同様に
カットする

⑤角をカット

底面

巻き終わり

①余りをカットし、
折って貼る

④底面に貼る

3 本体の内側を貼る
順番に貼る

内底布
（裏）

b ケント紙

角を
斜めにカット

2辺ののり代を貼る※2枚作る

のり代をすべて
貼る
※2枚作る

c ケント紙

②前後

③左右

のり代を
立ち上げて貼る

②内底

のり代を
貼る

外底

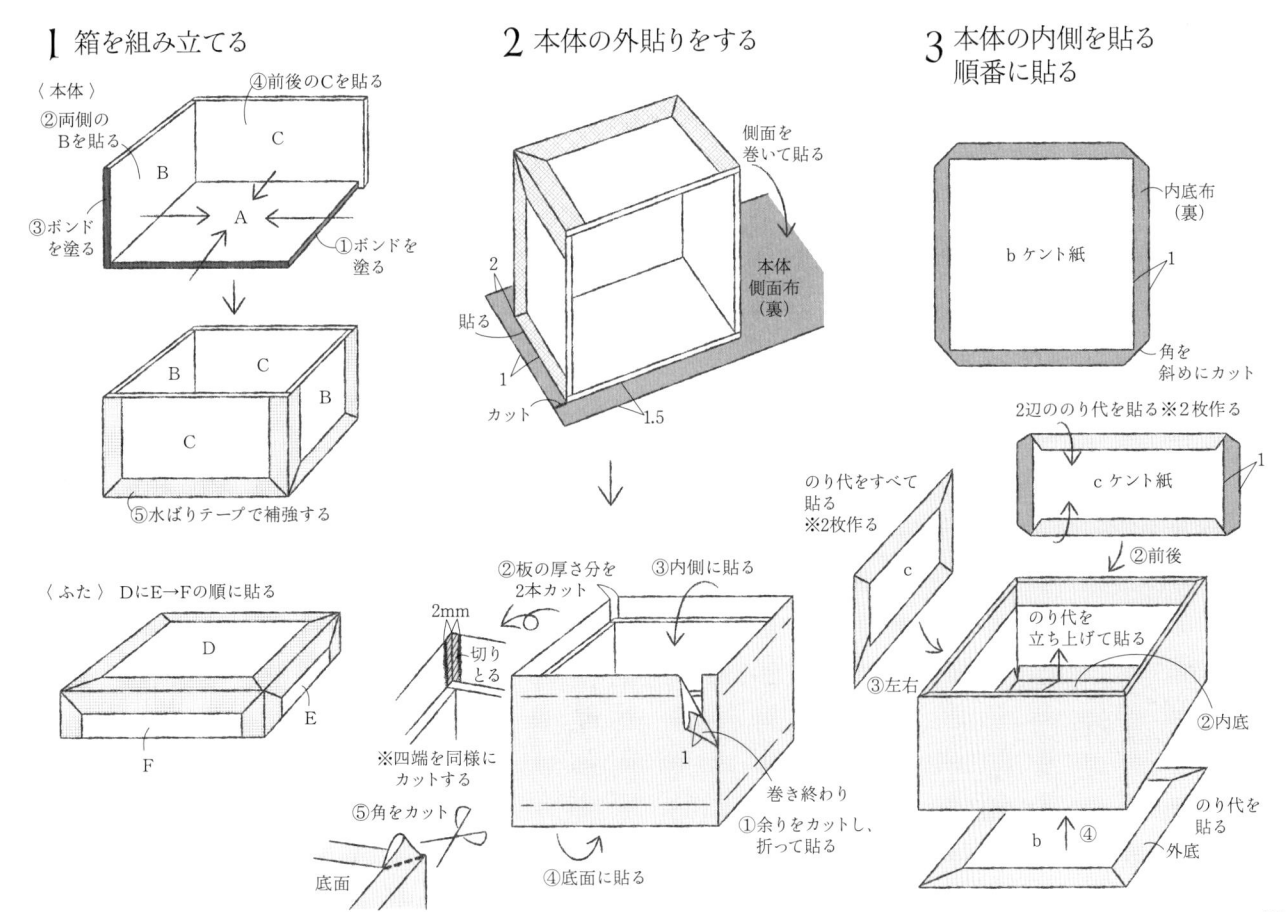

091

4 ふたに刺しゅう布を貼る

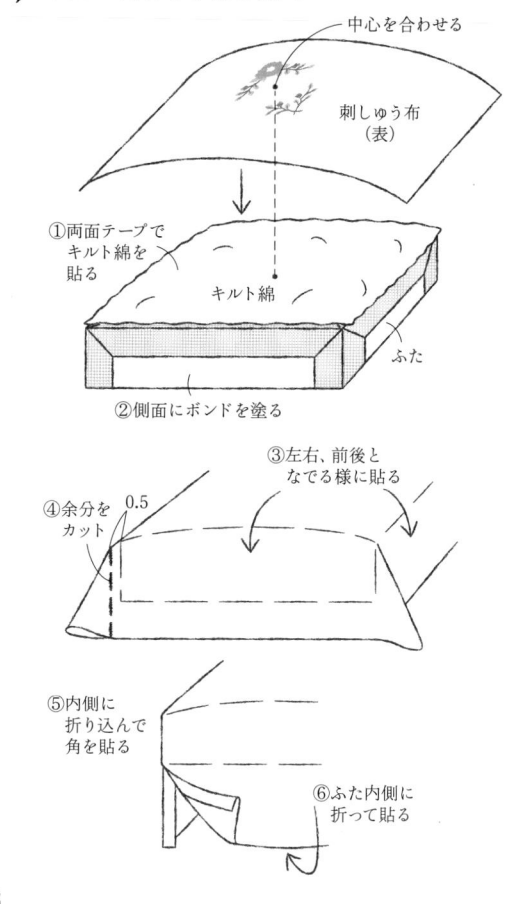

中心を合わせる

刺しゅう布
（表）

①両面テープで
キルト綿を
貼る

キルト綿

ふた

②側面にボンドを塗る

③左右、前後と
なでる様に貼る

④余分を
カット　0.5

⑤内側に
折り込んで
角を貼る

⑥ふた内側に
折って貼る

5 ふたに裏を貼る

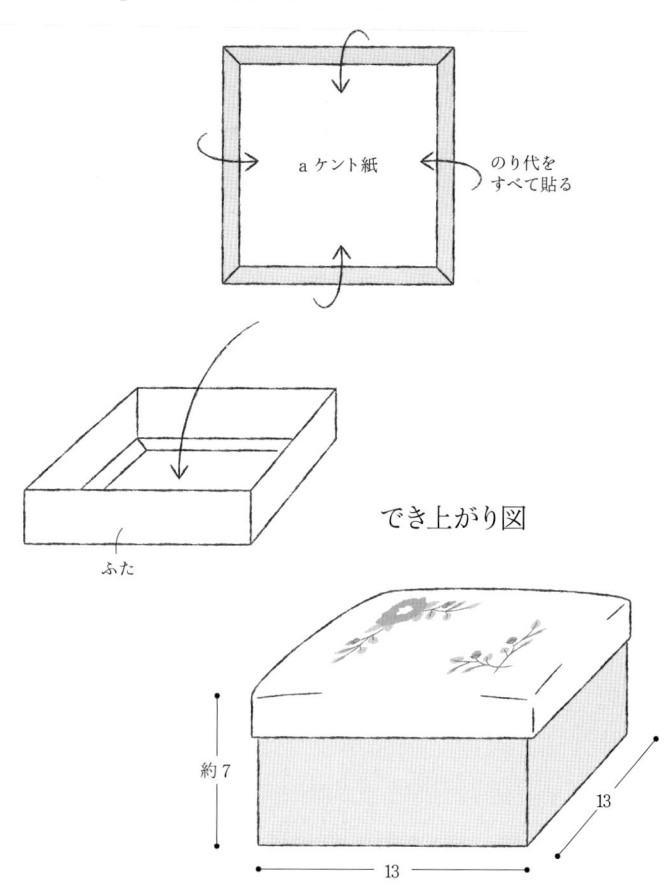

a ケント紙

のり代を
すべて貼る

ふた

でき上がり図

約7

13

13

p.14
sachet

サシェ

p.32
lesson 7

唐草模様

刺し方・唐草模様の色番号はp.33を参照

材料

白リネン25×30cm
幅0.9cmリボン適宜
ポプリ入り中袋

作り方

1. 本体用リネンに刺しゅうをする。本体2枚を
   中表に合わせて脇と底を縫う。

2. 表に返して袋口を三つ折りにしてまつる。

3. 脇にループを作りリボンを通す。

でき上がりサイズ

15×11.5cm

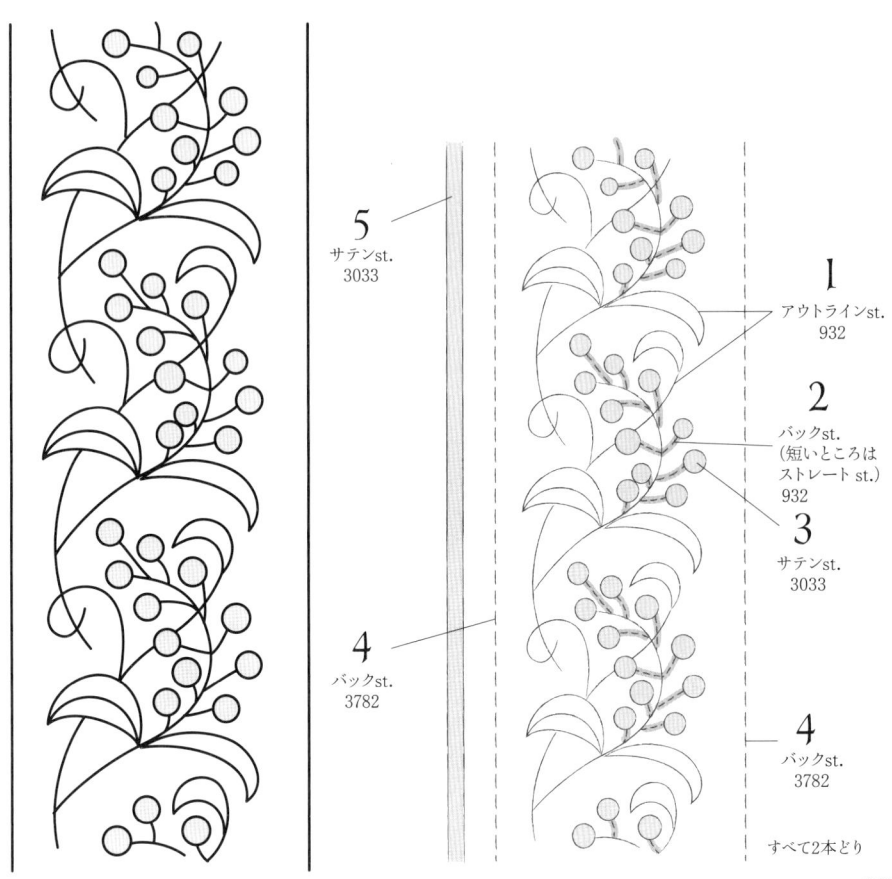

5
サテンst.
3033

1
アウトラインst.
932

2
バックst.
（短いところは
ストレート st.）
932

3
サテンst.
3033

4
バックst.
3782

4
バックst.
3782

すべて2本どり

本体（2枚）

1 刺しゅうをして脇と底を縫う

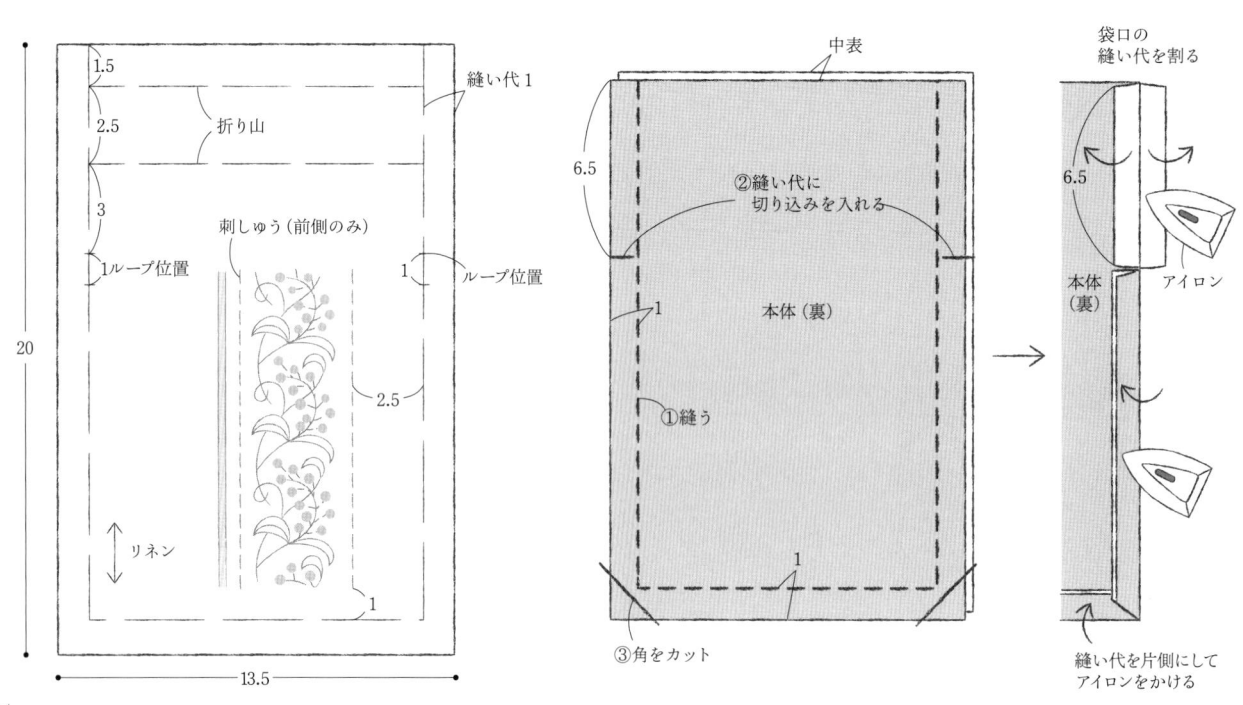

本体（2枚）図:
- 1.5
- 縫い代1
- 折り山
- 2.5
- 3
- 刺しゅう（前側のみ）
- 1ループ位置
- 1
- ループ位置
- 2.5
- 20
- リネン
- 1
- 13.5

脇と底を縫う図:
- 中表
- 6.5
- ②縫い代に切り込みを入れる
- 本体（裏）
- ①縫う
- 1
- ③角をカット
- 1

アイロン図:
- 袋口の縫い代を割る
- 6.5
- 本体（裏）
- アイロン
- 縫い代を片側にしてアイロンをかける

2 袋口を三つ折りにする

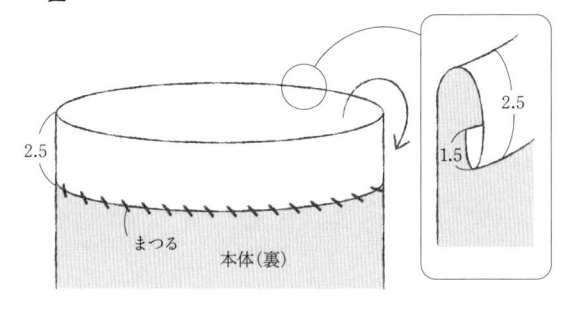

2.5

2.5
1.5

まつる

本体(裏)

3 ループを作り、リボンを通す

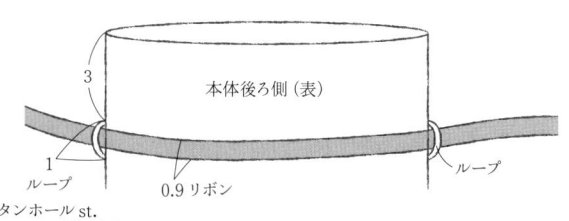

3

本体後ろ側(表)

1
ループ

0.9 リボン

ループ

ボタンホール st.
(DMC25 番刺繍糸
BLANC・2本どり)

ボタンホールステッチのループ

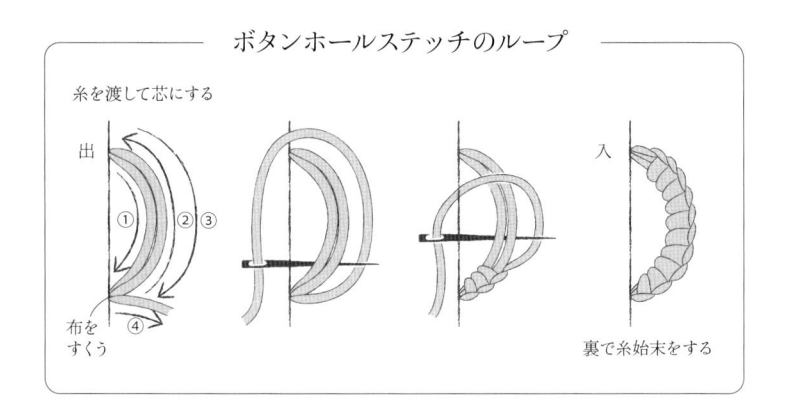

糸を渡して芯にする

出

①　②　③

布を
すくう

④

入

裏で糸始末をする

でき上がり図

15

11.5

刺繡教室

発行日　2018年2月20日
著　者　西須久子
発行人　瀬戸信昭
編集人　今 ひろ子
発行所　株式会社日本ヴォーグ社
　　　　〒164-8705　東京都中野区弥生町5-6-11
　　　　Tel. 編集 03-3383-0634　販売 03-3383-0628
振　替　00170-4-9877
出版受注センター　Tel.03-3383-0650　Fax.03-3383-0680
印刷所　大日本印刷株式会社
Printed in Japan
©Hisako Nishisu 2018
NV70463　ISBN978-4-529-05775-2　C5077

充分に気をつけながら製本しておりますが、万一、乱丁本・落丁本がありましたら
お買い求めの書店か小社販売部へお申し出ください。

日本ヴォーグ社関連情報はこちら
(出版、通信販売、通信講座、スクール・レッスン)
http://www.tezukuritown.com/

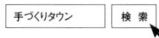

Profile
西須　久子
雄鶏手芸アカデミーに入学。
板垣文恵氏に師事し、欧風刺しゅうを学ぶ。
現在は日本アートクラフト協会 (JACA)に所属し、
後進の育成にあたっている。
日本アートクラフト協会理事。

Staff
ブックデザイン　　天野美保子
撮影　　　　　　　白井由香里
スタイリング　　　前田かおり
作り方　　　　　　鈴木さかえ
図案・トレース　　小池百合穂
編集　　　　　　　西津美緒

製作協力(p.12ボックス)
井上ひとみ

材料協力
ディー・エム・シー株式会社
〒101-0035　東京都千代田区神田紺屋町13番地 山東ビル7F
Tel.03-5296-7831(代)　www.dmc.com

撮影協力
アワビーズ　http://www.awabees.com/
COVIN　https://covin-vintage.jimdo.com

あなたに感謝しております　We are grateful.

手作りの大好きなあなたが、
この本をお選びくださいましてありがとうございます。
内容はいかがでしたでしょうか?
本書が少しでもお役に立てば、こんなにうれしいことはありません。
日本ヴォーグ社では、手作りを愛する方とのおつき合いを大切にし、
ご要望にお応えする商品、サービスの実現を常に目標としています。
小社及び出版物について、何かお気づきの点やご意見がございましたら、
何なりとお申し出ください。そういうあなたに、私共は常に感謝しております。

株式会社日本ヴォーグ社　社長　瀬戸信昭
Fax.03-3383-0602